EN LOS ZAPATOS
D E L
EVANGELISTA

EXPERIENCIAS & ANÉCDOTAS
MINISTERIALES

Michael A. Santiago

DEDICATORIA

Para todo aquel que aspira al ministerio. Que nadie te diga que no lo puedes alcanzar. Rompe los límites y alcanza las alturas del éxito. Eres todo lo que Dios dijo que eres.

Para mis abuelos, Wilfredo de Jesús y Santos Colón, las columnas de nuestra familia. Sobre sus rodillas llevan a diario a sus hijos, nietos y bisnietos cubriéndolos con la sangre de Cristo.

Para aquellos afectados por enfermedades y condenados a vivir atados a sillas o camas. No te rindas y mucho menos dejes de creer que *"Dios es nuestro amparo y fortaleza, Nuestro pronto auxilio en las tribulaciones"* (RV60 Salmo 46:1).

Para Dios, quien me escogió por encima de mis enfermedades, luchas y flaquezas. Creyó en mí cuando nadie más lo hizo. Quien ha sido el mayor inversor de mi propósito.

No menos importante, para el amor de mi vida, Génesis Marie Ramos López. Me completas y llenas. **Eres la costilla que busqué por años y encontré en las manos de Dios escondida.**

CONTENIDO

AGRADECIMIENTOS

"En todo tiempo ama el amigo, Y es como un hermano en tiempo de angustia." (RV60 Proverbios 17:17). He sido bendecido en esta vida con buenos amigos. Han sido mis mentores, consejeros, paños de lágrimas, hombros de fortaleza, animadores personales y familia. Dios me los dio de diferentes colores, tamaños, personalidades y culturas, y me han amado. Gracias por empujarme con amor. Gracias por leer con paciencia el principio de este sueño y por apoyarlo con sinceridad.

A mi familia por amarme sobre las enfermedades y no tratarme diferente, sino que me ayudaron a vivir una vida normal.

A mis pastores por ser uno de los apoyos ministeriales más grandes que un predicador puede tener. No podemos ser ovejas sin pastor.

PALABRAS DE UN MINISTRO

Evangelista Juan Laracuente

(Ministerio Evangelístico Tiempo de Avivamiento y Gloria, Inc. Utuado, Puerto Rico)

"Mucha esencia en palabras sencillas". "Conocer la historia tras las plataformas", así describo este libro.

Escuché hablar acerca de Michael Santiago, el cual no conocía, pero que siempre me pareció un joven dedicado, respetable y como un ejemplo para esta generación. Cuando tuve el honor de conocerle, pude confirmar todo lo que de lejos veía, y aun más. Su sencillez, humildad y pasión, hacen imposible no amarlo. Su libro me enseñó más de quien es Michael Santiago, y el mismo, me llevó a respetarlo aun más y a honrar su vida. En este libro encontrarás claves y principios simples e indispensables del ministro y del ministerio. Podrás ver más de cerca que, las plataformas de grandeza se forjan en atmósferas privadas y dolorosas. Reirás, llorarás y te animará a continuar, sabiendo que VALE la pena seguir creyendo. Ciertamente En Los Zapatos Del Evangelista nació en el corazón de Dios para ti.

Pastor Justo Padua

(Ministerio Sanando El Alma Herida, Inc. Lares, Puerto Rico)

El Evangelista Michael Santiago, además de ser miembro activo de mi iglesia, es mi amigo y un gran hombre de

Dios. Su testimonio y ministerio son de bendición para todo aquel que tienen el privilegio de conocerlo y escuchar su mensaje. Este libro te hará entender que sin importar los obstáculos que encuentres en el camino, cuando Dios da una palabra a tu vida, se cumple. Su mensaje es profundo, bíblico y rico en ilustraciones que te provocarán salir corriendo de tu comodidad a un altar de consagración y profundidad con Dios.

Evangelista Josué Méndez

(Ministerio Alumbrando Las Naciones, Inc. San Sebastián, Puerto Rico)

"En Los Zapatos Del Evangelista" es un libro que no evade la realidad, pero te ayudará a superarla."

Hace un año y medio llevo conociendo al Evangelista Michael Santiago, tanto como ministro y como amigo. Su trayectoria ha sido de gran impacto a mi vida, ya que a través de él podemos ver que no existe un NO cuando Dios es Quien te llama al ministerio. Ciertamente "En Los Zapatos Del Evangelista" ha sido y será un recurso necesario en tu ministerio y servicio a Dios. Aprenderás mucho de lo que pocos conocen, y es por esto que les invito a compartir esta experiencia con alguien más.

Pastor Rafael Raposo

(Ministerio Restauradores de Vidas. Moca, República Dominicana)

"El valor de una perla"

No existe forma humana de crear una de ellas, solo el poder de la naturaleza la puede formar. Es un proceso de tiempo y de mucho dolor que da como resultado una pieza única, exclusiva y de un inmenso valor. Una de ellas puede llegar a costar un poco más de un millón de dólares.

Estimado lector, estas líneas que vas a leer te llevarán por las huellas de un hombre que ha sido formado en el corazón de una ostra y que su vida es para el que la lee como una perla. Sin duda alguna, tengo a bien decirte que estas páginas bendecirán tu vida y ministerio.

Pastores Mygdian Sánchez y José Rodríguez

(Ministerio Casa de Adoración Nacidos de Nuevo, Inc. San Sebastián, Puerto Rico)

La primera vez que vi a este joven, entendí esta frase: *"No existen las limitaciones, solo las que nosotros mismos nos ponemos"*.

Cuando llegó aquel evangelista y comenzó a predicar con esa autoridad y gozo, *"me bendijo hasta los ruedos del pantalón"* jeje, como él dice. Ese día su testimonio habló mas que palabras. Desde ese momento Dios nos enlazó en un amor que hasta el día de hoy no ha disminuido. Verdaderamente "En Los Zapatos Del Evangelista" es un libro que bendecirá la vida de cada ministro.

Hacia adelante Michael que Dios va contigo. Grandes cosas te esperan. ¡Te amamos!

PROLOGO

Intensa jornada de lectura ha sido para mí leer este maravilloso recurso, dedicado a Dios y al ministerio quíntuple instituido en Efesios 4, por Jesús. Que honor poder leer una lectura rica en su experiencia con Dios. Jamás pensé leer un libro que sostuviera los pasos de un Evangelista y el corazón de un adorador. No solo me llevó a darme cuenta, que las plataformas son el lugar donde se muestra lo que realizamos en el (ARMARIO) sino que nos lleva a un viaje de fe y persistencia.

Este manual de evangelistas y ministros en común, va a levantar ministerios, gente con sueños de Dios e hijos con esperanzas perdidas. También te dirigirá por la biblia a un encuentro con la Real Fe, aquella que no es por vista y que cuesta.

"EN LOS ZAPATOS DEL EVANGELISTA" pude encontrar cómo no debemos olvidar el inicio de Su voz, pero tampoco la gratitud de dónde nos ha llevado la realidad del ministerio, sin perder de perspectiva la grandeza del que nos llama. Muchas historias aquí contadas me hicieron reír y también provocaron lágrimas. Una de ellas, la mujer en su lecho de muerte dentro de las primeras páginas. ¿De qué nos vale tratar de ser, sino llevamos a Dios a los nuestros en el hogar?

Muchas veces nos topamos con personas que jamás entenderán los ZAPATOS DEL MINISTRO, y nos exigirán una vida del tercer cielo siendo NOSOTROS habitantes de la tierra.

5

El éxito no se mide por tus grandes victorias, sino por todas aquellas que logras superar antes de ganarte la corona.

Este libro será uno para la generación futura que no ha tenido quien pueda con el corazón hablarle de su camino y a la vez le deje la alfombra tendida para que ellos no se pierdan hacia la meta. Es tan increíble poder ver un escritor que pueda mezclar, la palabra de Dios, sus experiencias y sobre todo que al leerlo seas inyectado de fe. Muchas lecturas nos llevan a viajar por un arduo sueño, pero al concluir el libro y su lectura te encuentras con una historia más. Este ejemplar es así, desde que comencé a leerlo fui viajando de la mano de Dios en cada proceso que me tocó vivir muy parecido al autor de este hermoso libro.

No obstante, Dios ha puesto en su remanente el don de la escritura, para aquellos que no deseen oír de una plataforma la verdad de los ministros, sino que la puedan experimentar a través de este libro exquisito y sencillo al leer. Muy sabia la escritura ya que es profundamente rica en su espiritualidad, más sencilla al entender los procesos que el autor expuso en el mismo.

Cada capítulo es un viaje real, sí real. Como Profeta de Dios puedo percibir la realidad de una escritura o de una conducta. La verdad de un redimido al igual que la falsedad de uno que dice ser. Leer este manual me llevó a dar gracias a Dios por una generación de los "Don Nadie" que Dios está llamando a SER en Él, y esto simplemente me hace saber que no he estado sola en los ZAPATOS DEL EVANGELISTA. Ya que todos lo Somos. Jesús dejo esta encomienda a TODOS, (Marcos 16:15 Y les dijo: *"Id por todo el mundo y predicad el evangelio a toda criatura".*)

Todos somos llamados a ser Evangelistas. ¡TODOS! Unos por oficio y otros por mandato de Jesús, pero todos debemos ganarnos uno más para Jesús, esa es la evidencia de los hijos agradecidos por ser redimido. El micrófono no es la herramienta de ungimiento, es solo el artefacto que amplifica y saca el sonido de la voz del que ha intimidado lo suficiente en el secreto con Dios, (Mateo 6:6).

Se que este libro será uno que bendecirá tu vida, te llenará de Fe y esperanza, y te revelará que tú también puedes estar en los Zapatos del Evangelista. Disfruta tu próximo nivel al terminar este ejemplar y no solo lo leas, sino también compártelo con alguien más. Hazle la pista a uno para el reino.

Rita Arias

Profeta de oficio, pastora y mentora del ministerio GPE.

Autora de:

"De La Nada En Su Presencia" &

"Mi Esposo Cambió, Cuando Cambié Yo"

En Los Zapatos Del Evangelista

INTRODUCCION

"Si alguno anhela obispado, buena obra desea"

- RV60 1 Timoteo 3:1-

Una mujer en su lecho de muerte, con pocos días de vida fue visitada por el Señor para dar un mensaje a una familia de siete integrantes. Cincos hijos y sus dos padres. Para cada hijo hubo una palabra de profecía y ministerio. Profetas y evangelistas fueron llamados por Dios. Separados y escogidos para la tarea de la predicación del evangelio. Al penúltimo de ellos, con tan solo tres años, tomándolo de las manos comenzó a hablarle del ministerio que Dios le había preparado y de las naciones que visitaría. Con palabra de profecía, la mujer anunciaba los milagros poderosos y la manifestación de Dios que se revelaría a través de aquel pequeño niño. Las palabras de parte de Dios no solo hablaban del alcance ministerial que tendría, sino también de las complicaciones de vida. Respirando con un pulmón y con una enfermedad en sus huesos, yo Michael Santiago sería pasado por el fuego para salir aprobado por Dios.

Todos cumplimos con una asignación en la tierra.

De acuerdo con el diseño que portamos somos llevados por Dios a diferentes lugares y escenarios para funcionar. Unos son llevados a las naciones, mientras que otros se mantienen local. Unos alcanzan la fama y otros permanecen en el anonimato. Ninguno es mayor que el otro. El error está en pensar que MINISTERIO es sinónimo de MICRÓFONO. Una cosa no tiene que ver con la otra. El problema comienza en la formación que los padres espirituales dan, diciéndole a todos que las naciones, tarimas y/o altares les esperan, cuando la verdad es que no todos viajarán, no todos se pararán sobre escenarios. Algunos funcionarán en la administración, la música, la limpieza o en otras áreas eclesiásticas, así como un cuerpo "*compuesto de diferentes miembros*", como lo dijo el apóstol Pablo, (RV60 1 Corintios 12:14).

Nuestra identidad está sujeta a la esencia de Dios en nosotros. Mientras más cerca estoy de Él, más cuenta me doy de lo que soy y de lo que tengo. Génesis 31 relata el momento en que Jacob en Peniel ve un varón de madrugada. Sin conocerle, Jacob insiste en ser bendecido por él. El detalle está en que es una teofanía del Señor. Una manifestación o representación de Dios sobre la tierra. Jacob, desconociendo tal detalle lucha y pelea toda la madrugada por ser bendecido. El texto declara: "*Y cuando el varón vio que no podía con él, le tocó en el sitio del encaje del muslo…*" (31:25 RV60). Jacob herido, queda rendido delante del varón. Entonces se le declaran dos cosas:

1. "*Déjame que raya el alba*" (v.26). La declaración es una advertencia. "Está por amanecer, y si la luz del

sol revela mi rostro, no hay hombre que pueda verme cara a cara y permanezca con vida." Más la pasión de Jacob le impulsa a declararle: *"No te dejaré, si no me bendices"* (v.27).

2. *"¿Cuál es tu nombre?"* Una sola pregunta le hace el varón. (Tome en cuenta que, si es una manifestación o teofanía del Señor, Dios es omnisciente. Todo lo sabe, pero le hace una pregunta). Me parece interesante el notar de que la pregunta no es de *"desconocimiento"*, sino de confrontación. *"Dime ¿quién eres? Porque me dices que te llamas Jacob, pero veo que aún cargas la identidad de tu hermano Esaú. Eres quien dices ser, o ¿aún vives con la bendición de tu hermano?"*

Jacob no podía ser bendecido como Jacob *"el usurpador"*, ni como Esaú *"el primogénito"*, necesitaba una nueva identidad para recibir lo que anhelaba. *"No se dirá más tu nombre Jacob, sino Israel..."* (v.28). *"Te bendigo porque ahora tienes identidad propia"*.

Es curioso el dicho *"Hay muchos que nacen original, pero mueren como copias"*, ya que Dios no te hizo la *"copia barata de alguien"*. Él te dio diseño, originalidad e identidad. El desconocimiento de *"quien"* eres, te llevará a tratar de competir, impresionar, lucirte o a medir tus dones y talentos con lo de otros. Cuando entiendes y conoces para qué estás y porqué estás, te vuelves efectivo y sin mucho esfuerzo haces el doble del trabajo.

Por tal razón, los que aspiran al ministerio, antes de procurar agendas y viajes, deben procurar conocerse a ellos mismos. Primeramente, conocerse en Dios, y segundo, conocerse en su humanidad, ya que lo que soy en lo humano no puede contradecir lo que soy en Dios. Hay conductas, caracteres y costumbres que deben alinearse al diseño de Dios. No puedo ser efectivo si mi humanidad choca con la divinidad de Dios. Mi vida debe estar alineada a lo que Dios establece y presenta para mi vida, aun cuando no lo entiendo.

Jesús le declaró a Pedro. *"Cuando eras más joven, te ceñías, e ibas a donde querías; más cuando ya seas viejo, extenderás tus manos, y te ceñirá otro, y te llevará a donde no quieras."* (RV60 Juan 21:18). *"Pedro, ya no será como tú quieres".* Lector, aspirante al ministerio, *"ya no será como tú quieres".* Hay una tarea que se te ha encomendado y es Dios quien te guiará y conducirá por el camino que debes andar. Vivirás situaciones que te estremecerán, pero todo sea para la gloria de Dios. Hay recompensa en nuestra obediencia y sujeción al Señor. El mayor regalo que podemos obtener es ver las almas rendidas a los pies de Cristo.

Reconocer nuestra identidad y rendir nuestra voluntad a la de Dios son dos cosas cruciales para el cumplimiento de nuestro propósito. Identifícate y sométete. Hoy día escucho a muchas personas decir: *"Es que yo estoy en la voluntad permisible de Dios"*, y permítame decirle que Dios tiene UNA sola voluntad y ella es *"buena, agradable y perfecta"*, (RV60 Romanos 12:2). No hay biblia ni teología que sostenga tal declaración. El comentario anterior se ha vuelto la excusa de justificación de quien sabe lo que Dios quiere, pero lo rechaza haciendo lo que creen que es mejor. Como no les agrada lo que Dios demanda y exige, pues usan tal excusa para tratar de apaciguar sus pensamientos de desobediencia. Entonces, llevan la vida esperando a que Dios bendiga ciertas cosas en su vida, pero ellas nunca recibieron la aprobación de Dios.

Todas las experiencias que cuento en este libro son personales. Vivencias mías. Momentos de lágrimas y de alegrías; guerras y victorias; caídas y levantamientos, pero dentro de cada una de ellas, una enseñanza sencilla, pero edificante. No se encuentran en un orden cronológico, pues es posible que tú como lector también las vivas en diferentes momentos. Es mi deseo bendecir tu vida con cada letra plasmada en estas páginas. Que lo que en un poco más de una década de ministerio he vivido, te desafíe y ayude a posicionarte en las alturas que Dios dispuso para ti.

Reirás, llorarás y quedarás impactado con lo que se vive en el ministerio, pero serás bendecido. Muchas experiencias quedaron sin ser relatadas. Días y noches en las que llegué a casa en una grúa, porque se rompió el motor del carro luego de salir de un servicio. Las llantas del carro estallar llegando, saliendo y aun estando en el servicio. Son muchas las cosas que se han vivido en estos años, y aún se siguen viviendo, pero si hay algo que nos da consuelo y satisfacción, es que sabemos que todo lo que hacemos es para Dios. Él nos ha acompañado estos años y lo hará en los siguientes. Te invito a disfrutar de esta aventura que comenzó en el secreto con Dios…

CAPÍTULO UNO
A Punto de Rendirme

"El éxito en la vida no se mide por lo que logras, sino por los obstáculos que superas"

-Anónimo-

Me encontraba atravesando una de mis peores temporadas espirituales. Era como si el cielo le hubiesen cerrado las puertas y ventanas para que nada entrara o saliera. Sentía como si Dios me hubiese dejado en un completo olvido y mis oraciones no llegaban a Su presencia. A solas en mi casa, encerrado por semanas intentando buscar el rostro del Señor sin recibir respuestas a tantas preguntas. Nada sentía, veía o escuchaba. Mi tiempo de oración e intimidad con Dios se había convertido en un lecho de lágrimas y quejas ya que el silencio de Dios me parecía abrumador.

En mis primeros años de convertido me habían enseñado a que, si era líder, debía resistir, hacerme el fuerte y nunca quejarme con alguien, por lo que atravesé muchos desiertos a solas, e incluso este. Reservado y muy privado con mis cosas, guardé silencio ante la gente, pero me desbordaba delante de Dios. Estuve encerrado en mi casa por largos días, hasta que recibí una llamada telefónica de uno de mis amigos más cercanos, invitando a salir y tomarnos una taza de café. (Quien me conoce bien sabe que soy un cafetero compulsivo, e invitarme a degustar de un rico y aromático café es amarme. Pudiera decir como Jeremías: "*Me sedujiste y fuiste más fuerte que yo*"). De esta manera salí de mi encierro y me senté a conversar con mi amigo.

Al llegar al establecimiento donde estaríamos tomándonos el café, estuvimos por un espacio de quince minutos conversando de diferentes temas, hasta que de pronto, mi mirada se enfocó en un hombre que lentamente entraba por la puerta de aquel lugar. Sus características físicas se han quedado impregnadas en mi memoria. El hombre, caminando a su paso lento tenía unos lentes grandes y oscuros que cubrían una tercera parte de su rostro. Usaba una gorra tipo mahón que tenía el logo de la policía de Nueva York. Traía una camisa azul clara con botones blancos y ella estaba metida dentro de su pantalón, el cual era mahón, que parecía algo gastado. Utilizaba un cinturón de color marrón con las palabras Puerto Rico incrustadas en ella. Tenía unos zapatos deportivos azules y marrones, y en el lado derecho de su cintura traía una cartuchera negra, agarrada de una goma elástica que sostenía su teléfono celular.

Mientras el hombre se acercaba a nuestra mesa, me di cuenta de que, sus manos y rostro temblaban un poco. Era posible que aquel hombre de nombre Luis con ochenta y cuatro años padeciese del Mal de Párkinson. Se detuvo justo frente a nuestra mesa y al mirarnos nos saludó con el típico saludo cristiano: "*Dios les bendiga*". Al escucharlo le respondí con un "*Amen, y que Dios te bendiga también*". Me miró y preguntó: "*¿Le sirves al Señor?*" A lo que contesté específicamente diciendo: "*Hacen once años que me convertí a Jesucristo*". Yo pensaba que mis años en el evangelio lo sorprenderían, pero mi respuesta simplemente le hicieron guardar silencio por algunos treinta segundos. Me parecía que intentaba buscar las palabras adecuadas para contestar a lo que yo acababa de declararle. De pronto, sus palabras rompieron con su mudez repentina y me dijo, "*Si hay algo que en mis cuarentitantos de años sirviéndole al Señor he aprendido es que yo no me convertí a Cristo, Él me convirtió a mí*". Con sus palabras me impactó e invité a sentarse a la mesa con nosotros, pues anhelaba continuar escuchándolo.

Por un espacio de veinte minutos, Luis nos testificó acerca de su momento de conversión y cómo Dios rompió sus cadenas de adicciones en un instante. Mientras el anciano de ochenta y cuatro años nos relataba su historia, del lado contrario a él, me encontraba con un Michael Santiago recibiendo la cátedra de su vida por un hombre que le triplicaba en años. Estaba recibiendo bofetadas con cada expresión que declaraba, porque por semanas lo único que yo manifestaba eran quejas delante del Señor. Mi reclamo a Dios estaba sujeto a que aun predicándole y sirviéndole por años todavía no me había sanado, pero el anciano, con lágrimas en su rostro me decía: "*Si tuviese la oportunidad de nacer nuevamente reconocería a Jesucristo como mi salvador más pronto*". A punto de rendirme, un

17

anciano anónimo me enseñó que las enfermedades no son excusas de retroceso, sino motivo para vivir más cerca del Maestro.

Me parece interesante cómo las adversidades, pruebas y dificultades nunca faltan en nuestras vidas. No hay cosa alguna que podamos hacer para evitar o evadirlas, pero sí hay algo que puedo hacer que las puede cambiar, y es mi actitud. La actitud es la "*postura*" que asumo dentro de lo que vivo. La manera en que decido enfrentar lo que atravieso. No esquivo la tormenta, pero la observo de forma diferente y uso sus vientos a mi favor para elevarme a las alturas.

La dificultad es la "*excusa*" de Dios para mostrarse a tu vida y bendecirte.

El Salmo 92:10 declara: *"Pero tú aumentarás mis fuerzas como las del búfalo; Seré ungido con aceite fresco"*. Es interesante notar que el búfalo es una de las bestias más defensivas de sus territorios en el reino animal. Este animal tiene una fuerza increíble, pero cuando es amenazado por un enemigo aun mas fuerte que él, muestra una habilidad extraordinaria. Cuando un depredador amenaza contra su vida, se dice que el búfalo afirma sus cuatro patas en el suelo defendiendo su terreno. No hay quien lo mueva ni le haga retroceder, aun cuando sabe que su vida corre peligro.

El detalle es que cuando su enemigo ruge con deseos de devorarlo, la bestia comienza a concentrar todas las fuerzas de su cuerpo en su vientre. Mientras concentra sus potencias, sus poros se comienzan a abrir y expandir.

Tan pronto sus poros se abren, el búfalo produce aceite debajo de su piel, y este comienza a brotar por sus orificios. Todo el cuerpo comienza a cubrirse con el aceite que nadie vio ni conoció que búfalo tenía.

Ahora que el búfalo es cubierto con aceite, comienza a correr de frente hacia su enemigo, y cuando su depredador intenta brincarle encima para detenerlo o comerlo, simplemente resbala por el aceite que cubre a la bestia. Me fascina que el salmista declara que en medio de lo que vivo y siento, Dios tiene el poder de aumentar tus fuerzas, de tal modo que el aceite que tu enemigo no sabía que Dios te había dado te comenzó a cubrir. Es posible que hayas sido menospreciado y rechazado, o quizás hayas estado al borde de la renuncia, pero de pronto el aceite comenzó a fluir en mi vida y a fortalecerme.

El profeta Jeremías experimenta el mismo deseo de desaliento y rendición, pero a punto de rendirse, soltarlo todo, y correr, se activa el depósito de Dios en su vida y el profeta lo describe como *"Un fuego ardiente metido en mis huesos"* (RV60 Jeremías 21:9). Él sabe lo que es la presión ministerial, el desafío de un pueblo que no tiene el deseo de escuchar a Dios. Su ministerio es desafiado constantemente por aquellos en posiciones mayores a la suya, e incluso por algunos dentro del ministerio sacerdotal. El Señor se convierte en la fuerza que le impide rendirse. Es la palabra de propósito y destino dentro del profeta que se convierte como en un fuego que no se puede resistir ni luchar.

¿Cuántas veces intentaste soltar el ministerio y salir corriendo? Sé que un sin número de veces. ¿Qué te detuvo?

Fue una palabra que desde la eternidad Dios habló y te trazó un camino para tu vida.

Hay un depósito divino que te empuja a tu destino.

A causa de la eternidad que hay en la palabra de Dios, no hay manera en que puedas correr ni retroceder.

CAPÍTULO DOS
Anónimos del Armario

"El camino del progreso no es ni fácil ni rápido"

-Marie Curie-

Nunca olvidaré como las cosas comenzaron antes de los viajes, las campañas, los eventos, las promociones, la radio, la televisión y tantas otras cosas en el ministerio. Cuando me siento a meditar, pensar y recordar de cómo todo comenzó, parezco transportarme en el tiempo y devolverme a mis diecisiete años. Acordarme de cómo el ministerio se formó en el anonimato, el secreto, en la intimidad, y en ocasiones, en la soledad de un armario. Sí, un armario.

Postrado en el suelo, recuero sentir el aire frío que se colaba entre el desperfecto de la pared mal medida y el cristal de la ventana de aquel pequeño armario. Pequeño en espacio, pero grande en propósito, ya que se había convertido en mi esquina o escondite favorito donde podía encerrarme a solas con Dios. Entre el olor a humedad podía

21

oler la presencia de Dios colarse y visitarme. No había mucho espacio ya que estaba lleno de ropa, cajas, abrigos y tantas otras cosas que lo hacían más pequeño y restringido de lo que era. No era cómodo en lo absoluto, sino todo lo contrario. No tenía espacio para estirarme, ni sentirme a gusto. No había lugar para nada ya que tan solo medía algunos tres pies y medios de ancho y algunos ocho pies de largo. Solamente había espacio para una silla de aluminio y un pequeño radio. La calefacción no funcionaba por lo que debía llevarme uno portátil y calentar mis pies mientras calentaba mi alma en la presencia del Señor. A pesar de que el armario fue un lugar incómodo, donde no tenía espacio para estirar mis pobres piernas maltratadas por la enfermedad, aprendí a amarlo. Aprendí a darle valor al sacrificio de la soledad e incomodidad. Amé el secreto a solas con el Espíritu Santo. Grité, lloré, me lamenté e incluso quise rendirme tantas veces. Pero amaba la soledad de aquel espacio.

Las horas volaban mientras estaba a solas con Dios, así como cuando dos enamorados se olvidan del tiempo, pues sólo desean disfrutar de su mutua compañía sin distracción alguna. Solamente Él y yo, nadie más. No había agenda, no sonaba el teléfono para invitaciones, nadie me conocía, ni yo conocía a nadie. Dos enamorados, Dios y un adolescente con hambre por más. Era nuevo en el estado de Massachusetts, por lo que me encontraba a solas con Él. No tenía muchos amigos todavía, por lo que corría hacia Él. Nunca me ignoró, ni se olvidó de mí. Cada vez que yo llegaba al armario Él ya estaba ahí. Así como un niño deseoso de salir a jugar en un día de lluvia para correr y saltar con sus amigos, podía sentir su alegría. Le gustaba estar conmigo y a mí me gustaba estar con Él.

Nunca olvidaré las noches enteras que pasé a solas con Él en el armario. Lloraba y gemía por Su presencia, pues quería agradarle. En ocasiones me sentía con vergüenza, pues creía que mis oraciones eran sencillas, elementales y mal hechas. Incluso, llegué a pensar que Él se reía, no de mis "*malas oraciones*", sino de mi inocencia al orar. Repetía cosas que escuchaba a otros decir y luego le decía: "*Perdóname si oro mal*". Mas, sin embargo, Su presencia manifestándose en aquel lugar me daba la seguridad de que le agradaba y me entendía.

En aquel lugar hubieron días de silencio, quietud, espera y lágrimas. Lágrimas que buscaban la aprobación de Dios. Hubo batallas que se libraron bajo la fuerte intercesión, guerras enfrentadas y grandes victorias obtenidas por gracia. Aquel armario era el lugar de intimar con Dios y entrar en dimensiones espirituales poderosas. Las experiencias más tremendas las obtuve en la soledad, me había convertido en un "*Anónimo del Armario*". Anónimo pues nadie me conocía, no tenía fama, mi nombre no era visto, ni anunciado por ningunas partes, sólo tenía intimidad con Dios.

Aunque predicaba desde los diecisiete años, vine a ser conocido con intensidad a los veinte. Mientras llegaba ese tiempo, sembraba en privado lo que público recibiría. Hay quienes esperan frutos que nunca sembraron. Desean exhibición sin intimidad. Sembré en ayuno y oración, mientras regaba con lágrimas de alegría y dolor. El salmista declaró: "*Los que sembraron con lágrimas, con regocijo cegarán"* (RV60 Salmo 126:5). Al tiempo pude disfrutar de los beneficios. Pude ver los resultados del esfuerzo y sacrificio. Nada de lo que se hizo fue en vano.

Es posible que también te encuentres en ese tiempo de espera, pero lo mejor que te puede suceder, es que mientras intimas en el secreto con Dios, en silencio Él estará preparando tu agenda. Diseñando tu destino y preparando el momento de tu levantamiento.

No fue *"fácil ni rápido el camino del progreso"*, dijo Marie Curie, pero fue el camino correcto y necesario en Dios. En el anonimato se siembra para la exposición y la exhibición pública. No hay PROMOCIÓN sin APROBACIÓN. En el secreto es que Dios te conoce y te conoces tú mismo.

Sin darme cuenta estaba haciendo depósitos en mi futuro y destino en Dios. Esos días de ayuno y oración en el anonimato de un armario eran como una cuenta de ahorros, donde a diario hacía inversiones y depósitos seguros que me garantizaban un bienestar en mi mañana. Este fue el secreto del ministerio de Jesús, una vida de intimidad en un lugar secreto con el Padre. Era Dios, pero se comunicaba con El Padre. Aunque no hubo un "armario", si hubo un **monte** en el cual vigilaba largas madrugadas. Su éxito ministerial consistía en ocho a nueve horas diarias hablando con El Padre y pocos minutos en público. Ocho horas con Dios, segundos con el endemoniado. Nueve horas en el secreto y minutos con el enfermo. Nos reveló su lugar secreto cuando en el sermón del monte dijo: *"Mas tú, cuando ores, entra en tu aposento, y cerrada la puerta, ora* *a tu Padre que está en secreto; y tu Padre que ve en lo secreto te recompensará en público."* (RV60 Mateo 6:6). El aposento representa el lugar donde se intima con Dios. Es el lugar escondido donde no eres visto por nadie, sólo por Él.

Abraham Lincoln dijo en una ocasión: *"Mis pasos son lentos... pero nunca camino hacia atrás."* Esto no se trata del primero que llegó, ni del primero se levantó. Se trata de RELACIÓN. La vida de David se marcaba de la misma manera, lenta pero perseverante. Tenía un doctorado en *"Anonimato"*. Él sabía lo que era el silencio del secreto. Vivió años escondido detrás del pastoreado de ovejas que no le pertenecían, pero fiel a ellas. No puedes ser fiel ni permanecer en las alturas de la exposición si no eres fiel con las tareas y el cuidado de otros en el secreto. Sin reconocimiento, aplausos ni halagos. Cultivaba y sembraba día a día en el *"anonimato"*, lo que le daría exposición en el momento correcto.

Fue un tiempo lento que parecía no avanzar. Aunque dentro del proceso de soledad todo parecía estar detenido, éste era un lugar seguro. Su anonimato terminó en el momento en el que Goliat desafió a Israel. Esta fue la oportunidad que David esperaba para poder salir del *"armario del anonimato"* y caminar en el *"tiempo de exposición"*.

De ser un *"anónimo"* escondido en el secreto de un armario buscando el rostro del Señor, Él me permitió caminar en un tiempo de exposición. La agenda se llenó de tal forma en que tenía sobre doscientos compromisos por año, ofertas radiales, televisivas y entrevistas. Hoy día no disfruto de un "armario" en el que me pueda encerrar para buscar el rostro de Dios, pero sí entiendo de que ese lugar siempre fue simbólico. Ese lugar secreto puede ser una habitación compartida con tres hermanos o la soledad de un templo de noche. Las especificaciones no son importantes, sino lo que dentro de ese lugar se hace.

Ten ánimo, continúa sembrando en tu "*armario secreto*", que ya pronto la "*puerta de exhibición y exposición*" se abrirá delante de ti. Nunca olvides que todo comenzó con Él y DEBE terminar con Él. En el momento en que te desconectes, pierdes esencia, función y propósito.

CAPÍTULO TRES
Lo Que Debo Hablar

*"Acostumbraros a ser obedientes, porque siempre os ha de
tocar obedecer"*

-Marquesa de Maintenon-

Desde la edad de tres años Dios me había hablado
sobre las grandezas que para mí tenía preparadas y hacia
qué y dónde me llevaría en un futuro. Recuerdo tantas
ocasiones en las que los predicadores me señalaban entre
todos los hermanos y me profetizaban sobre ministerios y
viajes. Entiendo que para un joven recién convertido al
Señor esto es crucial e importante. Tener en mente que
Dios tiene memoria de Él y que lo está formando para algo
mayor. Constantemente ser ministrado en público.

Al pasar los años y entrar al ministerio, soñaba con
poder ministrar frente a muchas personas. Creo que el
deseo de todo predicador es llegar a las alturas y sentir
cierto éxito ministerial. Poder exponer la palabra en
actividades masivas y templos grandes. Aunque las
cantidades nunca deben movernos, siempre está el deseo de

estar frente a ellas. Ministerialmente hay aspiraciones y sueños. No hay un problema con querer crecer y llegar. El peligro está en conformarse con lo mismo y deseas permanecer igual. El deseo de Dios es llevarnos en aumento y crecimiento. Había templos y coliseos por los cuales pasaba muchísimas veces en diferentes lugares, y yo deseaba ser invitado. Pasaba frente a aquellos palacios y le pedía a Dios que me diera la oportunidad de ministrarles. Tenía el deseo de entrar por puertas grandes y tener buenas conexiones ministeriales. Deseaba conocer personas de alta estima, de nombre y de fama y que Dios los usara para impulsarme al propósito, y aunque no disfruto de un nombre famoso entiendo que Dios depositó algo glorioso y debo compartirlo.

Yo creo en el poder de la conexión. Creo en que hay lugares que todavía no has pisado porque todavía no has hecho el contacto correcto. Jacob, en el libro de <u>Génesis 29</u>, sediento después de caminar en el desierto huyendo de su hermano, se encontró con un pozo en la tierra de los orientales. Cuando Jacob les pidió a los pastores presentes a que destaparan el pozo, pues estaba cubierto con una piedra, ellos le dijeron que la única manera en que lo podían hacer era cuando todos los pastores estuvieran presentes, y para eso faltaba una pastora, Raquel. Tan pronto Jacob escuchó las palabras de ellos, el texto declara que volteándose observó a Raquel llegando con las ovejas. En el momento en que hacen contacto, Jacob la ve como la llave que destapará el pozo que saciará su sed.

Hay lugares y personas que serán utilizadas como la catapulta que te lanzará a tu destino.

Mientras estaba en mi casa descansando, de momento sonó el teléfono, y al responder me estaban llamando de una de las iglesias donde yo deseaba ministrar. Días antes le pedía a Dios que abriera las puertas. Deseaba seguir creciendo. Traté de contener y moderar mi comportamiento y emoción para que del otro lado de la línea no se dieran cuenta de mi reacción. Acepté la invitación y al terminar la llamada exhalé con todo el oxígeno que quedaba en mis pulmones un "¡*YES!*" ¡Qué alegría, me habían invitado a uno de los lugares donde tanto anhelaba ministrar!

Mientras la fecha se acercaba pensaba y meditaba en qué poder predicarles. Había conocido de personas de alta estima y posición ministerial que habían sido invitados a predicar antes que yo, por lo cual me sentía desafiado a llevar una palabra del "calibre" de ellos. Quería llevarles un tipo de mensaje que les hiciera brincar, correr y decir "*wow*". Entiendo que, al ser portador de un don, el preparar un bosquejo de predicación es fácil. Es sencillo poder sentarse y unir un texto con otro. Humanamente se puede preparar lo que uno desea enseñar, transmitir o exponer, pero otra cosa es lo que Dios quiere hablar.

Cuando llegó la tan esperada fecha, me separé con Dios desde temprano en la mañana en el templo. Siempre acostumbré a separar los días de predicación para separarme y buscar el rostro del Señor. Llevaba días orando y pidiendo dirección para predicar una buena palabra. Estuve durante días preparando un bosquejo que me parecía bueno e interesante. En mi opinión sería de bendición al pueblo, pues era palabra de Dios. Cuando faltaban pocas horas para ir al servicio a predicar, orando en el templo escuché la voz del Espíritu. Al escuchar Su voz me sacudí, y me dijo: "*Eso no es lo que les vas a predicar*". ¡Me impactó! "*¿Cómo? Si ya tengo el bosquejo listo*", le contesté con desesperación. Volvió a repetirme lo mismo: "*Eso no es lo que necesitan escuchar, esto es lo que necesitan...*" Y comenzó a hablarme detalladamente sobre qué debía predicar. Qué debían escuchar. Qué necesitaban. Me llevó a la cita bíblica y comenzó a ministrarme. Era fuerte el mensaje, me estremecía y sacudía. Las palabras confrontaban.

Le dije a Dios: "*Señor yo no les puedo predicar eso. No me volverán a invitar. Me quitarán el micrófono y sacarán a patadas del templo. ¿Cómo les puedo llevar un mensaje tan fuerte?*" "*Es lo que necesitan escuchar*", me susurraba la voz del Espíritu. "Esto es lo que necesitan", volvía a recalcarme. Créame amado lector, yo la luché. Yo no quería. Aún así anoté todo lo que el Señor me daba, pero todavía dentro de mí se libraba una de mis mayores batallas; predicar lo que quiero o lo que Dios quiere. Hablarles lo que quieren o lo que deben escuchar. Quitar a Dios para ponerme yo, o salirme y dejarlo a Él.

El dilema del predicador, hablar lo que quiero o lo que debo. Entendamos pues, la responsabilidad y carga que hay sobre nuestros hombros de transmitir en la tierra lo que abunda en el corazón de Dios. Exponer letra por letra lo que de parte de Dios se nos ordena. Reconozcamos que no hablamos por nosotros mismos, sino por Dios y que el compromiso es enorme. Ésta era la tarea del atalaya, observar desde la torre y anunciar todo lo que veía. Si los enemigos lograban cruzar los muros y morían los habitantes del reino, la sangre de ellos caía sobre el atalaya. Entonces como ministros tenemos la responsabilidad de anunciar todo lo que del cielo escuchamos.

Terminé de escribir lo que Dios me daba y me conduje hacia mi casa. Me preparé, tomé mi bosquejo y salí a predicar. Aun estando a minutos de que me entregaran el micrófono y la participación, la batalla continuaba en mi interior y me tenía extenuado y fatigado. Al tomar el micrófono, saludé y di la cita bíblica, con eso me comprometía a hablarlo. Yo sabía que ya no había vuelta atrás. Prediqué el mensaje con fluidez. Hablé punto por punto de lo que Dios en secreto me había revelado. No había amenes ni aleluyas. Cuando terminé el mensaje, abrí el llamado al altar, para mi sorpresa, quien fue el primero corriendo al altar llorando era el pastor. Quebrantado cayó al suelo bañado en lágrimas. Ministré y oré por las personas que pasaban llorando al altar tocados por Dios. Eran músicos, líderes y ministros tocados por Dios en aquel lugar.

Al terminar mi exposición los hermanos se acercaban comentando cómo necesitaban escuchar esa palabra. De cómo llevaban meses orando para que Dios los sacudiera y les hiciese despertar de su comodidad, y todo fue posible porque nunca se trató de lo que yo les quería hablar, sino de lo que les necesitaba hablar. La bendición de Dios se esconde detrás de nuestra obediencia, aun cuando lo que nos pide parece extraño.

Serás desafiado por tu humanidad a diario. Tu carne

siempre se resistirá a la voluntad de Dios. Créeme, lo que Él tiene que decir es MUCHO más importante que lo que tú tienes que decir. Él sabe lo que ellos necesitan, por eso es por lo que habla y da la palabra correcta para restaurarles, levantarles y edificarles.

El portavoz del Señor debe entender que habrá momentos en que la palabra que tendrás que anunciar será recibida con aplauso, y en otras ocasiones rechazada con latigazos. El hombre y la mujer de Dios deben tener la GRACIA para anunciar una palabra de bendición y aceleramiento, pero también el CARÁCTER para anunciar una palabra de detención y corrección. Los discípulos de Jesús vivieron esto en carne propia, cuando el Maestro anunciando palabras fuertes, "*muchos dejaron de seguirle*", (RV60 Juan 6:66), y les dijo a los doce: "*¿Queréis acaso iros también vosotros?*" (v.67), Pedro escuchándole le dijo: "*¿a quién iremos? Tu tienes palabras de vida eterna*", (v.68).

Anuncia y declara tal como Él te da para hablar. Tu mayor recompensa será la bendición de Dios.

En el libro del profeta Ezequiel, Dios habla acerca del trabajo y la tarea del atalaya. Este debía tener la capacidad de observar a la distancia quienes venían y con tan solo observar sus características debía determinar si era amigo o enemigo. Si el atalaya no observaba bien y daba una advertencia equivocada, o no daba ninguna y algún enemigo entraba en el reino y mataba a alguien, la sangre de esa persona caía sobre él. Ahora bien, si él advertía y los que escuchaban no prestaban interés a sus palabras y morían, el atalaya habría librado su vida.

Como portavoces de Dios tenemos la responsabilidad y la tarea de anunciar lo que brota del corazón de Dios. Siempre hay abundancia de Dios para Su pueblo, pero a veces lo que se escucha de parte de Dios incomoda y sacude. Hay mensajes que nos hacen brincar y correr, otros, simplemente nos quebrantan y humillan ante Dios. Debemos tener la capacidad y el carácter para declarar la palabra que Dios nos da, pues ellas pueden acelerar el paso de quienes las escuchan y liberar la vida de otros.

CAPÍTULO CUATRO
Competentes

"pues él nos hizo ministros competentes de un nuevo pacto"

- 2 Corintios 3:6, RV60-

Desde el año 2011 resido en el pueblo de Lares en Puerto Rico. Es un campo tranquilo, de aire fresco y noches frías. Después de vivir tantos años en ciudades, no cambio los coquíes, los gallos cantando en la mañana, ni la neblina por las noches. Verdaderamente es una Ciudad de Cielos Abiertos. He sido bendecido por Dios en estas montañas y ministerialmente, este ha sido el lugar donde se pudo afirmar el ministerio. Sin ser conocido por muchos y sin contactos, Dios se encargó de ser mi mayor promotor. Me ha dado su gracia y favor en este lugar.

Fui invitado a compartir mi testimonio por la televisión ante millones de personas alrededor del mundo, por lo que tengo la convicción que esta fue la carta de presentación que Dios utilizó para mi ministerio. Recuerdo la cantidad impresionante de llamadas que recibí mientras salía del estudio de grabación aquella mañana. Nunca me había sentido tan respetado y jamás había recibido tantas invitaciones en un solo día. Poco sabía yo que mi vida estaba cambiando. Acababa de dar un giro de ciento ochenta grados hacia la dirección correcta.

Mientras los espacios en blanco de mi agenda comenzaron a llenarse, una preocupación enorme embargaba mi mente. *¿Podré hacerlo correctamente? ¿Seré capaz de cumplir con las expectativas de las personas?* Mientras batallaba con una ráfaga de dardos que parecían ser disparos en una guerra incesante en mi mente, recuerdo un pensamiento en específico que más atormentaba mi vida. Pocos se han sentado a hablar acerca de esto, pero entiendo de que es un arma utilizada por nuestro enemigo para desviar nuestro enfoque.

Creo en la responsabilidad ministerial. Insisto en la preparación de buen bosquejo, pues no le predicamos a analfabetas, sino a personas educadas, profesionales y preparadas. Vivimos en la era de la informática, donde todo está a la palma de nuestras manos. Mientras estas diciendo citas bíblicas, tienes seis y siete personas buscando en sus biblias y teléfonos averiguando si lo que dices es correcto o no.

Ahora, el problema está en que comencé a medir mis talentos con los de otros y darme cuenta de que, los demás eran más profundos que yo, más intelectuales que yo, fluían más que yo, más influyentes y hasta su físico era mejor que el mío. Esta lucha cobró forma en mi mente creándome una barrera impenetrable e inquebrantable. No había forma de escapar, pues ya había aceptado aquel dardo como una verdad en mi vida. Se dice que somos aquello que pensamos y que solo alcanzamos aquello que creemos. Insuficiente, ésta era la palabra que me había marcado y que me estaba identificando.

Tenemos personas muy dotadas y muy ungidas por Dios, pero el enemigo se ha encargado de hacerles creer que no pueden hacer nada. Es posible que durante toda su vida los marcaron con palabras. *"Tu no puedes"*. *"Tu no sirves"*. *"Eres torpe"*. *"Serás igual a tu padre"*. Ellos terminaron aceptando la mentira como una verdad, y ahora son todo lo que les dieron que eran.

Durante años ministré y viajé con esta lucha, hasta que fui invitado a exponer la palabra en una iglesia de un pastor amigo muy reconocido. Veintiún días de campaña, un predicador para cada noche y me tocó ser el penúltimo de todos los ministros. Me sentía honrado en haber sido seleccionado e invitado para aquella explosión espiritual. El ministerio seguía en crecimiento y esta sería una excelente plataforma que me ayudaría a llegar aún más lejos. Mi sensación de emoción se tornó en una enorme preocupación cuando el pastor me envió la lista de predicadores. Doctores en la palabra, profetas, evangelistas internacionales, unos usados en sanidades, otros usados en ciencia con una palabra certera, y al final de todos ellos un joven de veintidós años del pueblo de Lares.

"¿Cómo yo voy a predicar después de catedráticos e intelectuales? ¿Cómo se le ocurre al pastor a invitarme a ser parte del cierre de una campaña tan poderosa con unos

37

ministros intachables y casi intocables?" me preguntaba por horas. Me encerré en mi habitación con una crisis nerviosa pensando qué hacer. *"¿Cancelo? ¿Uso la excusa de que estoy enfermo? ¿Digo que se me dañó el auto?"* Mientras peleaba con mis inseguridades, recuerdo sentir aquella indescriptible presencia y única voz, era Él, el Espíritu Santo. Envuelto en sus dulces caricias me dijo: *"No tienes que tratar de impresionar, simplemente se TU"*. Al instante las fortalezas que se habían formado durante años cayeron desplomadas. Las inseguridades y luchas que obstaculizaron y paralizaron el avance del propósito quedaron descubiertas y desechas en un instante.

Entiéndelo bien, NO tienes que tratar de impresionar.

No te tienes que lucir. No tienes que mostrar lo mucho que sabes, total, a Dios no lo asombras ni impresionas con lo que tienes y haces, pero cuando con un corazón humilde te preparas y lo que haces es para Dios, Él se encarga de ponerte en alto y en gracia. Ministro y aspirante al ministerio, no caigas en el error.

Pablo escribe a los de Corinto acerca del ministro del nuevo pacto y utiliza la palabra COMPETENTE, del griego *"hikanoō"* que significa: *"cualificado, apto para el trabajo, y quien tiene carácter"*, pero también se define como aquel que es *"EXPERTO en su materia"*. El apóstol entiende que Dios nos ha dado los requisitos, la habilidad y el carácter necesario para la tarea que nos presenta, pero que también nos requiere excelencia como expertos, o sea, que DOMINEMOS la materia. Damos lo mejor no para impresionar, competir ni lucir, sino para glorificar a Dios.

Creo que todo lo que debemos hacer para Dios debe ser en forma de EXCELENCIA. No lo hacemos como salga o sin interés, sino que nos preparamos, practicamos, ensayamos, nos capacitamos y luego presentamos ante Él nuestro mejor trabajo. Funcionas mejor cuando sabes lo que haces y para qué lo haces.

Mi mentalidad cambió al entender que no hay razón para sentirme intimidado por otros o sentirme con la carga de "*necesitar*" impresionar. Aprendí que debía ser la mejor versión de mí mismo para darle a Dios la excelencia que Él se merece. Competentes, expertos, hábiles, con carácter y dándole a Él lo mejor.

Desarróllate en todo lo que puedas. Si Dios te dijo que vas a predicar, cómete el rollo de la palabra. Si tienes el talento de la música, practica y prepárate. Si te dijo que vas a cantar, toma clases e instrúyete en técnicas. Explota tu potencial con el propósito de glorificar y agradar a Dios en absolutamente todo. Desde lo más sencillo hasta lo mas complicado. Él te honrará y se agradará de tu compromiso con Él y de tu sinceridad.

Cuídate de hacer cosas buenas con intenciones equivocadas. Ministra para edificar y no para que vean lo bien que lo haces, pues tu recompensa será exactamente eso, la admiración de la audiencia.

CAPÍTULO CINCO
Comprometidos

"El logro de tu meta está asegurada el momento en que te comprometes con ella."

-Mack R. Douglas-

A mis quince años le entregué mi vida al Señor, y en unos pocos meses comencé a cantar en la iglesia. Antes de que hubiese una agenda de predicaciones, había una de la ministración en la música. Formé parte de una agrupación llamada Estruendo Celestial. Los años que fui parte del grupo fue un tiempo extraordinario. Ministrábamos en nuestra iglesia todos los domingos, pero también corríamos la isla de Puerto Rico cantando en aniversarios, campañas, iglesias, parques, canchas y también en bodas y quinceañeros. Como teníamos que salir a ministrar vestidos representables, nos habían pagado por cantar en una boda, y tomé el dinero para comprar mi primer traje.

Hay colores que son muy favorables y fáciles de combinar. Se puede usar el negro, el azul o el gris, y buscarles una combinación es muy sencillo. Como yo no tenía mucho dinero para comprar algo muy fino o bonito, lo único que estaba dentro de mi presupuesto era un traje de color marrón. A mí me encantaba tanto que lo usaba para todos los compromisos, y servicios regulares. Si había un ayuno, vigilia, fogata, campaña o boda, Michael Santiago llegaba con su traje marrón. No había servicio o actividad especial que yo no llegara sin él.

A los dos años de haberme convertido comencé a predicar, y el único traje que tenía era el de color marrón. Ya las personas me conocían por mi ropa. Creo que, si hacían un afiche para alguna actividad en que me tocara a mi predicar, no habría necesidad de colocar una foto de mi cara, sino una de mi ropa y la gente sabría quién era el predicador invitado. Eso fue lo que comenzó a trabajar dentro de mí. No tenía ropa buena, bonita, ni nueva, solo un traje marrón por casi cuatro años.

Hubo ocasiones que me tocó ministrar un fin de semana de tres días en la misma iglesia y lo único que tenía era mi traje marrón, por lo que necesitaba buscar cómo combinarlo. Primer día de campaña, traje marrón y camisa blanca. Segundo día, traje marrón y camisa negra. Tercer y último día, pantalón del traje, camisa del viernes y no utilizaba la chaqueta. Tampoco tenía zapatos buenos ni nuevos, por lo que a veces orando en el altar recordaba que mis zapatos tenían boquetes por debajo, y giraba los pies hacia donde no hubiera personas que me los miraban. Fui burlado mucho por eso. Se reían porque sabían que no tenía mucha ropa. Y miraba los demás predicadores y los veía con sus trajes finos e italianos y con el mío viejo y marrón.

Mas, sin embargo, si había algo que hacía salir de mi casa todos los días y cumplir con una agenda, no eran mis zapatos rotos negros, ni mi traje de color marrón, sino el COMPROMISO con la palabra que yo cargaba y con el llamado que Dios me había hecho. Nunca se trató de ropa, ni de las últimas tendencias de la moda, sino del depósito que llevaba dentro. Todo lo demás se vuelve secundario cuando Dios y Su voluntad están presentes.

Cuando vives COMPROMETIDO con la palabra que Dios te entregó, la falta de recursos no te detiene, las traiciones no te hacen retroceder, los comentarios no te hacen desviarte, nada te desenfoca. Vive por lo que Dios te prometió y comprométete con ello.

No esperes a que alguien invierta en un propósito con el que tu personalmente no te has comprometido todavía.

Da el paso, y avanza. Tan pronto tu inviertas en ti mismo, Dios lo hará de igual forma. Él espera tu compromiso e inversión para empujarte a tu propósito, pero si vives la vida de brazos y piernas cruzadas, esperando a que Dios lo haga todo por ti, no verás NADA. Si tu mentalidad es que todo te llegará a la mano porque Dios te lo prometió, permíteme decirte que has errado hace tiempo y te quedarás esperando por mucho tiempo. Sus promesas tienen la condición de que, si tú haces, Él hace también. El Señor es fiel y verdadero, pero tú ¿eres fiel a lo que te toca?

En el libro de <u>Números 13</u>, encontramos a uno de los hombres más comprometidos con su propósito, Caleb. Él y Josué fueron los únicos en defender la visión de Moisés cuando fueron enviados a reconocer la tierra.

Cuando todos dijeron que no, ellos dijeron que sí. Tal era nivel de compromiso que tenían, que mostraban **carácter** e **integridad** ante sus opresores. Se mantuvieron íntegros a la visión cuando el resto de los espías hablaban de retroceso y abandono. Se mostraron con carácter defendiendo la visión cuando los demás intentaban pisotearla.

Caleb, ya con ochenta y cinco años, aún recuerda la palabra y la promesa. Él podía decir: *"No me he olvidado de la promesa. Los unos no me han hecho mas viejo, sino más sabio y responsable"*. Le dice a Josué: *"Dame, pues, ahora este monte"* (RV60 Josué 14:12). *"Dame la orden y te prometo que lo tomo y lo conquisto"*. Eso es comprometerse. No dejar que los años opaquen tu vista y te impidan ver lo que te toca por derecho y herencia. ¡Si Dios dijo que es tuyo, tómalo!

Debes tener sentido de propiedad para todo aquello que Dios dijo que te pertenecería. Si título de propiedad tiene tu nombre firmado, comprométete con vivir en él.

CAPÍTULO SEIS
Un Corazón Correcto

"La integridad del hombre se mide por su conducta, no por sus profesiones"

-Juvenal (Poeta romano)-

Hay una diferencia muy grande entre *"vivir del ministerio"*, y *"vivir para el ministerio"*. La primera te hace dependiente de una cosa, más la otra te hace desvivirte y entregarte para ella. Es con esta mentalidad que nos manejamos y vivimos dentro del ministerio.

A mis diecisiete años recibí el llamado urgente de Dios al ministerio. Sentía una carga a tan temprana edad por las almas y la predicación del evangelio, por lo que todo lo que hacía y hablaba se desenvolvía de la esencia del llamado. Es a esta edad que mi intimidad con Dios fui desafiado por Él. En oración me decía: *"Sígueme y deja todo lo que tienes"*. Sus palabras me estremecían, pues yo entendía lo que implicaban y significaban. Me pedía que soltara TODO. Cuando escuché Su llamado, le dije: *"Yo tengo mis sueños y mis aspiraciones como profesional.*

45

Quiero ser psicólogo y a la vez te sirvo desde una oficina. Además, si lo dejo todo por ti, ¿qué pasará con lo que yo quiero y necesito?" En un instante me contestó: "*Cuando dejes de depender de lo que tienes en tus manos y aprendas a depender de lo que Yo tengo en las mías, entonces te voy a bendecir".* Sus palabras traspasaron mi espíritu haciéndome entender el plan de Dios.

Ha sido casi una década en la que vivo completamente dedicado al ministerio. Trabajando con una agenda de viajes, conferencias, charlas, orientaciones, evangelismo y otras tareas eclesiásticas. He visto el favor y la provisión de Dios dentro de todos los aspectos. Mis ojos han sido testigos de cielos abiertos en medio de tormentas y desiertos. De agua brotar de la roca y de la abundancia en la escasez. Más, sin embargo, a pesar de ver bendiciones, también hemos experimentado situaciones que nos dejan perplejos. Estas son las experiencias que definen nuestra integridad.

1 de Reyes 19:20-21 (RV60) relata el momento en que Eliseo es ungido por el profeta Elías y es llamado al ministerio. Eliseo, entendiendo la seriedad de lo que está viviendo, hace tres cosas que definen su responsabilidad e integridad ministerial.

1. Besa a sus padres y se despide. Este hombre ha vivido bajo la sombra de sus padres toda su vida, más ahora entiende de que hay una nueva cobertura sobre él, la profética.

2. Quema el arado y sacrifica los bueyes. Él vive labrando la tierra. Éste es su trabajo. Lo segundo es que sacrifica su

"*Plan B*". Reconoce el llamado y la carga y para no tener una excusa para regresar y retroceder, mata aquello que lo ata a su pasado.

3. Cocina las carnes y da de comer al pueblo. Esto último lo posiciona. Alimenta a quienes lo vieron crecer y desarrollarse. Es poderoso ver que Eliseo HONRA la vida de aquellos que creyeron en él antes de que hubiese ministerio o posición.

Éste último punto es sumamente importante, ya que revela carácter, seriedad, responsabilidad e integridad. Hay quienes estuvieron cuando nadie más estuvo. Unos te dieron la oportunidad cuando nadie más lo hizo. Otros creyeron en ti cuando nadie más lo hacía.

¿Qué tú haces cuando eres invitado a un lugar que no te puede bendecir como otros lugares? ¿Recibes la invitación de los "*pequeños*"? ¿Regresas a visitar esos lugares donde solo había seis o siete personas, o ahora sólo aceptas la invitación de lugares grandes? ¿Aceptas la invitación de quienes no te honran económicamente como esperabas? ¿Compartes por gracia el tesoro preciado que en tus manos Dios colocó?

Cuando tu corazón está en un lugar incorrecto cualquier cosa te puede dañar.

Te daña el que te despidan con una ofrenda muy grande o con una muy pequeña o con una lata de galletas y un bolígrafo. Te daña el que te hospeden en un hotel de cinco estrellas, como que te dejen en el sótano de una casa. Te daña el volar en primera clase de un avión, como hacerlo en la cola de este. Todo lo que describo ha sido exactamente lo que en años de ministerio he atravesado. Entonces, cuando el enfoque no es Cristo y si los beneficios tu corazón se contamina.

Jabes declara una de las oraciones más poderosas y sinceras: "*¡Oh, si me dieras bendición, y ensancharas mi territorio, y si tu mano estuviera conmigo, y me libraras de mal, para que no me dañe!*" (RV60 1 Crónicas 4:10). Pide beneficios de provisión, crecimiento, favor y protección, sujetos a una condición, "*que no me dañe*", PRESERVACIÓN. Es su petición que la grandeza no lo lleve a la derrota. He tomado esta declaración y la he hecho mía. Que nada de lo que viva, vea, sienta o me hagan me dañe ni corrompa el producto y depósito de Dios en mi vida.

Se lo que es ser despedido de una predicación gloriosa con una lata de galletas y un bolígrafo, como también con una ofrenda de dos mil dólares. Se viajar en primera clase de un avión sentado con legisladores, como sentado en la cola de este sin tener casi espacio para estirar mis piernas. Se lo que es ser hospedado en un hotel de excelencia, como quedarme en el sótano de una casa pastoral. Si tu corazón no está en un lugar correcto lo mucho o lo poco te daña. Pide a Dios que te de el carácter para mantenerte humilde y sencillo, con la mirada puesta en Jesús por encima de todas las cosas. Creo que el ministerio no debe ser inaccesible. Debe poder llegar a los grandes como a los pequeños, pero también debe ser honrado de igual forma.

(Permítame tomar estas líneas para dirigirme a los líderes que invitan a los ministros a predicar. Hoy día se escucha a muchos decir: *"Fulano se dañó porque tiene tales honorarios"*. Amado, no es que se dañó, es que simplemente se cansó de muchos tratos de desconsideración. Viajar horas en un carro a predicar y salir luego del servicio sin tener para comer. Muchos son despedidos de servicios poderosos con canastas de frutas, pero sus autos no corren con frutas, sino con gasolina. Algunos simplemente son ignorados por quienes fueron invitados, o ellos se esconden al acabar el servicio para no darles la cara y despedirlos con manos vacías. También que se les estallen las llantas de su auto y no lleguen a ayudarle o tan siquiera ver el gesto de preocupación por él.)

Debemos recordar a diario nuestros comienzos y principios. Ministro, honra y respeta a los pequeños y a los que te dieron la oportunidad de crecer. Que tu corazón siempre se mantenga en el lugar correcto. Que nada te desenfoque. Cuando el corazón se contamina y corrompe, se pierde la compasión, la sensibilidad, la humildad, e incluso la humanidad. Nos volvemos intocables e inaccesibles. Ese no es el carácter de Jesús. Pídele al Padre que te revele el corazón de Su Hijo y que transforme el tuyo a su semejanza.

Cuando tu corazón es transformado conforme al de Jesucristo, tu trato hacia los demás cambia. Te vuelves compasivo y comprensivo con los demás y tratas a todos con respeto y honra.

CAPÍTULO SIETE
Nunca Se Olvidó

"No olvidaré mi pacto, Ni mudaré lo que ha salido de mis labios"

-Salmo 89:34-

Mis primeros meses de convertido fueron muy emocionantes. Estaba constantemente en servicios en la iglesia local y en otras vecinas. Salía de un servicio de viernes y me dirigía junto a mis hermanos y primos a las vigilias en otras congregaciones. En ocasiones pasábamos noches enteras en el templo orando y buscando el rostro del Señor, pues era nuestro deseo tener una experiencia poderosa con Él. Estábamos enamorados completamente de Dios. En cada servicio en el que nos encontrábamos Él nos sorprendía y marcaba, pero nada me marcó tanto como *aquel* domingo.

Me había levantado aquella mañana tan emocionado y entusiasmado por que llegara por fin la hora del servicio en la noche, y así, ir a buscar, lo que ha sido mi anhelo, un milagro. Estaba a la expectativa de ver lo que Dios haría a través del predicador que nos expondría la palabra en el servicio. Había escuchado tantos testimonios que mi fe estaba despierta y activa.

Mi abuelo nos contaba de los milagros que ocurrían cuando dicho predicador oraba por los enfermos. Oíamos hablar de cómo los ciegos recibían la vista, los mudos hablaban, los paralíticos caminaba y maravillas semejantes. Yo nunca había visto algo parecido, por lo cual deseaba con ansias que llegara la hora del servicio. Quería ver con mis propios ojos el poder de Dios tocar el cuerpo de los enfermos y restaurarlos, y aún más, recibir mi propio milagro.

Creo haber sido el primero en estar vestido y preparado para el servicio de esa noche. Estaba tan entusiasmado que estaba listo dos horas antes que todos. Esas horas parecieron ser eternas. El tiempo no pasaba, sino que se sentía que se había detenido por completo, y de momento escuché el tono de voz grueso de abuelo decir: "*Ya nos vamos*". Era música para mis oídos escuchar que por fin nos iríamos al servicio. Iba todo el camino emocionado diciéndome a mí mismo: "*Voy a tener que comprar ropa nueva, porque cuando Dios me sane las piernas, ellas van a crecer y quedaré más alto. Ya nadie me verá como el pequeño de los nietos del pastor porque habré crecido luego que Dios tocara mi cuerpo*". Me estaba preparando mentalmente para mi sanidad y de cómo testificaría acerca de ella.

Al llegar la hora del servicio, los hermanos poco a poco llegaban al templo y de momento la atmósfera cambió, Dios estaba presente. Era tan fuerte Su presencia, que no había necesidad de tocar a la gente, pues Él mismo lo hacía y ellos caían al suelo. Los aires se cargaron de la adoración de un pueblo, que al igual que yo, habían llegado con la expectativa de ver lo sobrenatural de Dios. Cuando le entregaron la participación al predicador, él predicó muy corto, pero enfatizó muchísimo en los milagros de Jesús en su ministerio y cómo aún hoy ellos siguen posibles. Mi fe crecía por segundo al escuchar al varón hablar con denuedo y sazón la palabra de Dios.

Cuando terminó de exponer su mensaje, hizo el llamado a oración por sanidad. No habían pasado diez segundos cuando ya yo estaba frente al altar con mis manos levantadas pidiéndole a Dios lo mío. El varón comenzó a llamar enfermedades por nombre y al instante la gente era tocada por Dios y sanada. Fueron tantos los milagros testificados aquella noche que yo estaba impactado, pero aún permanecía de pie al frente sin recibir oración ni nada. De momento sentí que el predicador puso su mano en mi hombro. Era tan fuerte la presencia de Dios en ese hombre que caí al suelo. Mientras permanecí allí tirado, por lo que me parecieron ser algunos diez minutos, yo escuchaba a la congregación adorando a Dios y gritando fuertemente. Lo único en lo que yo pensaba, era que Dios me estaba sanando. Yo sentía que mis piernas se movían solas, yo creía que estaba siendo operado, pero no, Me equivoqué, al levantarme del suelo me di cuenta de que no sucedió nada, absolutamente nada.

Salí del servicio triste, decepcionado y desilusionado. Sentí que todo a mi alrededor enmudeció, y lo único que escuchaba era mi queja al Señor. Todo el camino a la casa guardé silencio ante todos, pero dentro de mí había un conflicto que me consumía. Llegamos a la casa y me encerré en la habitación a presentarle a Dios mis interrogativas: "*¿Por qué no me sanaste? Te vi sanar a otros, ¿y qué pasó conmigo? ¿No merezco yo también ser sanado y tocado por ti? Te olvidaste... Me olvidaste a mí*". Me inundó un sentimiento de olvido y rechazo. Sentía morir de dolor por no haber recibido lo que tanto anhelaba y deseaba.

Mientras le cuestionaba a Dios sobre lo sucedido, escuchaba que en la casa todos preguntaban por mí. "*¿Dónde está Michael?*" los escuchaba preguntarse entre ellos. De repente sentí que tocaron a la puerta, al mirar me percato de que mi primo estaba allí mirándome. Pidió permiso entrar y le asentí con la cabeza que podía hacerlo. Se sentó a mi lado en la cama y me dijo: "*Mientras veníamos de camino a la casa del servicio escuché a Dios decirme que NO se olvidó de ti. Me dijo que dejara saber que Él no se olvidó.*" Fue como un bálsamo para mi alma. Comencé a llorar refrescado y alentado por aquellas cortas palabras, pero poderosas que inundaban mi ser restaurando y fortaleciéndome. Fue como si Dios mismo se sentara frente a mí en la cama y me hablara directamente.

Han pasado ya un poco más de diez años de aquella noche, y cada vez que el sentimiento de olvido llega a mi vida, recuerdo aquellas cortas palabras, "*Dios no se olvidó*". Él recuerda perfectamente lo que prometió y habló. Sus palabras no han caído al suelo y nunca caerán, sino que tienen fecha de cumplimiento y manifestación. Amado lector, debes tener por cierto que Él nunca se ha olvidado de lo que te habló y mucho menos de tu persona.

El libro de Éxodo en su capítulo 2, revela al pueblo de Israel como cautivos en una tierra que no les pertenecía. Sobre cuatrocientos años de servidumbre, y dentro de su dolor, era la mentalidad y el pensamiento de ellos de que ya Dios se había olvidado por completo de ellos. ¿Qué haces cuando Dios guarda silencio? ¿Cómo actuar cuando todo lo que te rodea es contrario a lo que Dios te habló y prometió? Él te dijo que te prospera, pero vives en la actualidad una crisis financiera. Te dijo que te sanaría y es cuando más enfermo te encuentras. Te habló de una restauración familiar, pero cada vez los vez más distantes y alejados. Tu realidad vs la verdad.

Para cada realidad hay una verdad absoluta.

La realidad habla de lo que vives, sientes y atraviesas. La verdad habla de lo que ya Dios habló y estableció. Para tu enfermedad, hay una verdad: *"Por su llaga fuimos nosotros curados"* (RV60 Isaías 53:5). Para tu crisis económica hay una verdad: *"No he visto justo desamparado, ni su descendencia que mendigue pan"* (RV60 Salmo 37:25).

La realidad de los israelitas en Egipto estaría por cambiar, porque dentro de su *"dolor y llanto Dios los escuchó y se acordó de su pacto"*, (Éxodo 2:24). Me bendicen dos cosas del texto:

1. *Dios los escucha.*
2. *Dios se acuerda de su pacto.*

Los escucha porque como Padre conoce la voz de sus hijos y como son hijos, hay una promesa, pacto, alianza y convenio que hizo con ellos. Él sabe que no puede quebrantar Su palabra. Amado, si Él lo dijo, Él tiene la responsabilidad de cumplir por sí mismo. Su reputación es tan grande que, si falla, es su nombre que está en juego. Imagínate, que cuando decidió jurar, buscando *sobre quién o qué jurar, tuvo que hacerlo sobre sí mismo*, (RV60 Hebreos 6:13). Si dijo que te sana, te aseguro que te sana. Si te dijo que te liberta, te aseguro que te liberta. Si te dijo que te provee, veas lo que veas, sientas lo que sientas, te quiten lo que te quiten, ÉL LO HARA.

Él tiene memoria de ti y dentro de tu dolor y quebranto te sorprenderá. *"No tardará en cumplir su promesa"*, (RV60 2 Pedro 3:9). Él ha dado fecha de cumplimiento para tu vida y sus promesas se manifestarán en el momento perfecto.

CAPÍTULO OCHO
Él Ve Tus Cualidades

"No juzgues a un libro por su portada"

-1944 diario Africano: American Speech-

Recostado en el asiento de un autobús, de camino al Estado de Nueva Jersey, meditaba en las palabras que estaría disertando como parte de lo que sería el *"así dice el Señor"* de la tarde. Entre lo incómodo que estaba en el asiento y las siete horas de camino que teníamos por delante hablaba con Dios acerca de la experiencia que estaba teniendo. Nunca había salido a predicar a otro estado, por lo cual me encontraba emocionado y a la vez nervioso. Esta era la primera vez que cruzaba la frontera de un Estado a otro, por lo que intentaba disfrutar de cada momento, y a la vez, manteniéndome con altas expectativas por lo que Dios haría.

Llevaba cerca de treinta y dos horas sin dormir, por lo que sentía que mi cabeza estallaría y a la vez mis ojos estaban cargados de sueño. Habíamos salido un grupo de jóvenes a las tres de la madrugada del Estado de Massachusetts, para llegar a eso de las diez de la mañana a nuestro destino. Acostumbraba a sacar mis días para estar a solas con Dios buscando Su dirección, por lo cual estaba seguro y convencido de que Dios se glorificaría y que la palabra predicada impactaría las vidas, pero no estaba preparado para lo que estaría por vivir esa tarde. Acompañado por un grupo de amistades que, lo único que hablaban durante todo el camino era del predicador, el mensaje y cuán expectantes estaban. Sus palabras me desafiaban y a la vez estremecían de nervios.

Llegamos al templo un poco más de las diez de la mañana, y ya el lugar estaba lleno a capacidad de personas. Mientras caminaba hacia la entrada acomodándome la camisa y la corbata, comencé a darme cuenta de la cantidad de personas reunidas en el lugar. A causa de mi condición en las piernas, me chocan y tropiezan las rodillas, pero cuando estoy nervioso lo hacen aún más. Me había quedado impactado con la cantidad de personas que habían reunidas allí de los estados de Nueva York, Pensilvania, Nueva Jersey, Connecticut y Massachusetts. Cerca de ochocientos jóvenes hambrientos por una palabra fresca y por experimentar la presencia de Dios. Yo sabía lo que era predicarle a cincuenta y quizás a cien personas, pero nunca a la cantidad que estaban allí.

A la hora de la mañana había una conferencia para los jóvenes y cerca de las dos de la tarde yo estaría en la predicación. Había sido una mañana muy larga, pero edificante, llena de enseñanza, pero todos estaban expectantes por ver quién sería el predicador. Nadie sabía quién yo era y mucho menos que yo sería quien les llevaría el mensaje. Quizás esperaban a un predicador mayor en edad, de quizás algunas trescientas libras y seis pies de altura, pero había llegado todo lo contrario, uno pesando ciento veinte libras y midiendo cinco pies y seis pulgadas de alto.

A la hora del servicio en la tarde, el coordinador me buscó a la parte de atrás y me llevó hacia el frente. Mientras caminaba detrás del líder observaba las miradas de todos hacia mí. Me sentía pequeño, nervioso, insignificante, y a la vez seguro y confiado de que Dios andaba conmigo. Recuerdo que sentados en el elevado altar había algunos pastores y sus miradas jamás se me han olvidado. Ellos con una mirada de confusión se miraron entre ellos, rascaron sus cabezas y volvieron a mirarme. Hay quienes dicen poco con palabras, pero dicen suficiente con miradas y las suyas me dijeron suficiente. Con mucho respeto y reverencia subí al altar estrechándole la mano a los ministros, saludándoles con amor y una sonrisa.

Al arrodillarme en el altar escuché la dulce voz del Espíritu susurrarme unas palabras que taladraron mis emociones y mi corazón. "*No creen que estoy contigo*", me dijo. No esperaba escuchar a mi amigo, el Espíritu Santo decirme esas palabras. Sin saber qué hacer o decir, recuerdo las únicas palabras que mi voz temblorosa logró pronunciar: "*Por favor demuéstrales que tú me has traído y que estas conmigo.*" Terminé mi oración y me senté a esperar mi participación. Últimamente no canto antes de predicar, pero ese día al entregarme el micrófono comencé a cantarle al Señor. Mientras glorificaba a Dios vi enfermos ser sanados, jóvenes bautizados en el Espíritu Santo y escuché nuevamente aquella tierna voz decirme, "Mientras ellos vieron tus defectos, Yo vi tus cualidades."

Experiencias como esa jamás se me olvidan ya que me permiten entender que Dios SIEMPRE ve lo mejor en nosotros. Mientras la gente ve un adicto, Dios ve un pastor. Muchos ven un adúltero y Dios ve un profeta. Algunos pueden observar a un moribundo, pero Dios ve a uno con la capacidad de impactar naciones y generaciones. Nunca nos podemos dejar llevar por lo que llena nuestros ojos. El contenido muchas veces sorprende más que el contenedor. A veces nos enfocamos más en el que "*portador*" en vez de lo que "*ofrece*" y Dios nos sorprende revelándonos que nos equivocamos al observar lo superficial.

El profeta Samuel enfrenta el mismo problema que muchos líderes hoy día tienen. "*La apariencia vale más que la esencia*" para una gran cantidad de personas. Están tan enfocados en lo que se les presentan delante, que son capaces de juzgar tan solo por lo que ven. A muchos se les enseñó que el ministro debe "*hablar, vestir o verse así*". Ahora Samuel necesita ser detenido por Dios, porque está por ungir y por posicionar al hombre incorrecto por lo que él cree que es lo correcto. "*No mires a su parecer, ni a lo grande de su estatura, porque yo lo desecho*" (RV60 1 Samuel 16:7), le declara Dios.

Había una señal en específica que le dejaba saber al profeta quién era o no el ungido de Dios. Se dice que el cuerno del profeta tenía una tapa o tapón hecho en cera, y se supone que cuando el aceite, que estaba dentro del cuerno tocara la cera, ella se derretiría y se derramaría sobre la cabeza del que Dios había escogido. Entonces cuando el profeta levanta el cuerno sobre los primeros hijos de Isaí, la cera no se derrite, ni se derrama el aceite. No había confirmación de ministerio sin derramamiento de aceite.

Hay quienes parecen ser los indicados para la tarea, pero cuando los miras de cerca te das cuenta que no son porque el aceite aun no se les ha sido derramado encima. Pueden tener dones y habilidades, pueden hacer obras extraordinarias, pero la señal de Dios sobre la vida de un hombre o mujer aprobados por Él, es la evidencia de Su aceite. Cuando cantas, Dios se mueve. Cuando hablas, Dios transforma.

Muchos esperan leer cartas de recomendación de X o Y persona, olvidando que la mejor carta la presenta el Espíritu Santo cuando se manifiesta a través de tal persona. Él es quien sabe si somos o no somos lo que decimos ser.

¿Qué mayor evidencia, que la manifestación de Dios respaldando la vida de una persona?

Yo me imagino aquel momento en que el profeta se ha dado cuenta que ninguno de sus candidatos son los candidatos de Dios. Todos rodean la mesa servida sin tener el aceite sobre ellos. Cuando David entra en escenario, se encuentra con todos los suyos en casa y el profeta Samuel aun sosteniendo el cuerno. Samuel, ahora iluminado por Dios entiende que quien nunca había sido considerado en casa es exactamente quien Dios buscaba, por lo que ahora levanta el cuerno de aceite sobre la cabeza del joven y el aceite comienza a derramarse y David es ungido *"con aceite fresco y su copa rebosa"*, (RV60 Salmo 23:5), por que ha sido hallado aprobado por Dios.

Si Dios va contigo, avanza. No te detengas. La mayor carta de representación que puedes tener es la presencia de Dios sobre tu vida. Ella habla cuando tú haces silencio. Ella se manifiesta cuando tus habilidades terminan. Esa es la señal de que eres escogido y separado.

Procura que Dios esté dentro de todo lo que hagas y emprendas y te aseguro que harás más de lo que creías.

CAPÍTULO NUEVE
Fe Desafiante

"más el justo por su fe vivirá"

- Habacuc 2:4b, RV60-

El poder viajar a diferentes lugares y conocer las culturas de otros países siempre me ha parecido emocionante. Probar sus comidas, aprender de sus costumbres y ver la forma en que viven son detalles que me encantan e intrigan. Trato de absorber y aprender todo lo que puedo. Hacen unos años tuve la oportunidad de viajar a la República Dominicana y predicar durante el espacio de nueve días. Estaba completando una cruzada evangelística, en la cual había cruzado los estados de Massachusetts, Rhode Island, Connecticut, Nueva York, Maryland, Carolina del Norte, Carolina del Sur, Georgia y la Florida. Atravesé la mitad de la costa este de los Estados Unidos anunciando a Jesucristo por un espacio de dos meses y culminaría en el Caribe.

La madrugada antes de salir hacia la República Dominicana, al aterrizar en el aeropuerto de San Juan de un vuelo de cuatro horas de Connecticut, me tiré en el piso heladamente frío a esperar cerca de seis horas mi próximo vuelo saliente. El tiempo vivido en los Estados Unidos fue muy glorioso, y con las fuerzas que me daría el Señor ministraría en nueve iglesias por semana y media. El vuelo fue muy corto de Puerto Rico a nuestra Isla hermana. El pastor, que sólo me había escuchado predicar por la radio desde su tierra, era quien me esperaba con una enorme y amable sonrisa. Puedo decir que de las familias que más amo en esta tierra, ellos son una.

"*¿Que deseas príncipe?*", fue la pregunta amorosa del pastor con un tono de voz algo ronco. "*Una cama, por favor*", con cansancio en mi voz le contesté. Al llegar a su humilde, pero grande y hermoso hogar me mostró lo que sería mi dormitorio por el espacio de tiempo que estaría compartiendo con ellos. Sin fuerza alguna me tiré en la cama para descansar el tiempo necesario. No me había disfrutado un descanso tanto como aquella tarde. Fue como si desapareciera de la tierra por unas horas y durmiera sobre una nube.

Los días en los que estuve ministrando fueron extraordinarios. Nunca había visto tanta hambre y sed por Dios. La segunda noche de campaña fue al aire libre. En Puerto Rico las congregaciones hacen servicios evangelísticos y solo llegan no más de treinta hermanos. Se ha perdido el deseo de impactar a la comunidad. En la Provincia Espaillat en Moca vi sobre cuatrocientas personas cerrar una calle, levantar una tarima en medio de ella y proclamar a Jesucristo. Había una atmósfera de gloria en aquel lugar. El espacio allí se había convertido en un pequeño pedazo de cielo. Las personas clamaban por Dios con tanta pasión. No había títulos, ni nombres que importasen allí, sólo el nombre de JESUS.

En la semana y media que estuve viajando aquella hermosa tierra mi vida fue desafiada. Yo creía tener fe hasta que conocí a mis hermanos dominicanos. Llegar a hogares de familias que cuando abrían sus neveras y alacenas no había prácticamente nada, pero con amor preparar su comida y decirme, "*Por favor predicador, guste de lo que tenemos*". Llegar a los templos y darme cuenta de que no había aires acondicionados, pero las personas llegaban por multitudes para escuchar la palabra. Mirar en un momento dado por la ventana y darme cuenta de que la guagua/van de la iglesia era una camioneta de cargar cosas atrás. Le habían techado el cajón de la parte trasera y sobre quince hermanos se montaban contentos para el servicio. Ver una familia de seis personas montadas sobre una motora/pazola. El jefe de familia conducía la moto, sobre el guíe uno de sus hijos iba sentado, detrás de él agarrado de su cintura iba montada su esposa que a su lado derecho e izquierdo cargaba un niño, colgando del cuello traía otro, e impresionantemente, ella estaba embarazada. Al ver esto y mucho más mi vida se estremeció.

Llegué a Puerto Rico desafiado por la fe de mis nuevos hermanos en la fe, ya que me di cuenta de que, cuando se enfermaban no había un plan médico que pudieran usar, pero activaban la fe. No había mucha comida en la casa, pero agradecían a Dios por ser proveedor y bendecir sus hogares. Entonces, me encuentro La Perla del Caribe, La Isla del Cordero, Puerto Rico. Una pequeña isla de cien millas de larga por treinta y cinco millas de ancha, que es sumamente bendecida por Dios. Vivimos en abundancia, y el que menos tiene, mucho posee. Tenemos plan médico, ayuda del gobierno americano para comprar alimentos, buenos carros, templos con aire acondicionado, sillas con cojines y en otros lugares son hasta reclinables; y no me mal entienda, nada de eso es malo, pero cuando Dios nos quita o nos pide, nuestra fe se sacude.

Vivimos con excusas y pretextos para servir a Jesucristo. Dios nos ha bendecido con abundancia, pero nuestra fe es sacudida por cosas pequeñas. Jesús le declara a Pedro que "*Satanás os ha pedido para zarandearos como a trigo; pero Yo (Jesús), he rogado por ti, que tu fe no falte*", (RV60 Lucas 22:31-32). La oración de Jesús no se encierra en una petición superficial o material, sino espiritual. "*Serás sacudido violentamente. Vendrán momentos fuertes, pero no pierdas la fe*".

La fe no niega la realidad, pero siempre la desafía.

Ella sigue creyendo y recibiendo lo que no se ve ni se toca. Que tu fe no esté sujete a lo tangible y visible. Ese fue el problema de Tomás; "*Si no viere... no creeré*", (RV60 Juan 20:25). La fe de Tomás estaba sujeta a lo visible, más al presentársele el Maestro, le dijo: "*Porque me has visto, Tomás, creíste*; **PERO** (énfasis del escritor) *bienaventurados los que no vieron y creyeron*", (verso 29). No permitas que tu vista natural se convierta en el mayor oponente de tu fe. Cree cuando no veas. Cree cuando no sientas. Cree aun cuando no quieras, porque tu fe te abrirá los ojos.

Una fe desafiante no se sujeta a lo natural, sino que ella CREE y VE lo INVISIBLE, TOCA lo INTANGIBLE y HACE lo IMPOSIBLE.

El murciélago es uno de los animales más interesantes para mí, ya que tiene problema en su vista. Es prácticamente ciego, pero siempre sale a volar en los momentos de oscuridad y nunca tropieza con algo. Es porque el murciélago tiene un sistema, que la Marina y el Navy conocen como "*sonar*" (en inglés). Cuando este animal sale a volar, abre su boca y lanza sonidos sónicos, A nuestros oídos parecen chillidos, pero ese sonido viaja a una velocidad intensa y tropieza con todo lo que hay en sus alrededores. El sonido no se va al vacío, sino que regresa al oído del murciélago y le crea en su mente una imagen de lo que tiene delante. No se deja llevar por lo que "*ve*", sino por lo que "*escucha*".

Pablo le escribió a los Romanos: "*La fe viene por el* **OIR**, *y el oír la* **PALABRA** *de Dios*", (RV60 <u>Romanos 10:17</u>). La fe es resultado de una palabra que Dios habló a mi espíritu y despertó en mí la confianza de que Él es, hace todo lo que dice y promete. La fe nos lleva a ver como realidad lo que otros ven como una imposibilidad. Ella hace que yo camine en lo que creo. Me hace recibir lo que con confianza pido

Te desafío a CREER…

En Los Zapatos Del Evangelista

CAPÍTULO DIEZ
Guiados

"Porque los que son guiados por el Espíritu de Dios, éstos son hijos de Dios"

- Romanos 8:14, RV60-

A la edad de diecisiete años escuché el llamado del Señor hacia el ministerio, y de la misma forma la urgencia de entregar todo lo mío por el todo de Dios. Sus palabras hacían echo en mi espíritu y lo único que escuchaba era: *"Cuando sueltes lo que tienes en tus manos, Yo soltaré lo que tengo en las mías"*. Por lo que me decidí en caminar detrás del Señor y depender de todo lo que ya Él se había provisto para mi vida. Esto implicaba, soltar mis sueños por los Suyos. Nunca me ha faltado cosa alguna. Por la gracia del Señor puedo decir que Él me ha provisto absolutamente todo y cuando he pensado que necesito algo o quizás un antojo llega a mi vida, Él, de manera milagrosa se muestra como un padre que consiente a sus hijos.

En una ocasión fui invitado al estado de Texas a predicar la palabra en una actividad juvenil/evangelística.

Fueron unos días poderoso y significativos para el ministerio. Expuse el mensaje en diferentes iglesias cercanas y el día antes de regresar a mi casa, el pastor que me había recibido se sentó conmigo para conversar de su trabajo secular. Él trabaja para una compañía muy importante como gerente de tres de sus edificios. Me contó sobre sus beneficios y su deseo de hacerme parte de su equipo de trabajo. Me dijo, "*Quiero que tú seas supervisor de uno de mis edificios. Eres bilingüe y es tuya la posición. Ganarás semanalmente un sueldo de $1,200-$1,300. Vivirás bien, cómodo y el trabajo es fácil*". Cuando escuché la oferta del pastor mi mente se fue en un viaje imaginario. Me veía con carro nuevo, casa bonita y con la posibilidad de invertir en unos proyectos en los que estaba trabajando. Yo pienso y creo que quien primero debe invertir en su propósito es uno mismo. No esperes que alguien crea o invierta en algo que tú mismo no has invertido.

"*Permíteme orar pastor*", mis palabras me hicieron volver a mi realidad. "*No quiero tomar una decisión a la ligera y mucho menos sin la dirección de Dios*", le dije. Eso sucedió lunes, ya martes en la noche yo estaba de regreso a mi casa en Puerto Rico. Cuando llegué me encerré en mi oficina, tomé mi agenda del año y observando el último compromiso que tenía, le dije al Señor: "*Yo puedo cubrir y cumplir con mi agenda y tan pronto el año termine me puedo ir hacia Texas a vivir*". Yo me senté a tratar de hacer negocios con Dios. Era mi deseo que Él me escuchara y comprendiera. Quería que Él viera mi lado de la historia. Continué: "*Texas es mucho más grande que Puerto Rico y mi ministerio puede expandirse aún más*". Me parecía como si Dios no supiera de geografía.

Soy del tipo de personas que cuando necesito tomar una decisión no publico en las redes sociales, no comento ni le digo a nadie, pues entiendo que, en momentos decisivos, lo menos que necesito son opiniones, sino dirección. Las opiniones y los comentarios siempre estarán por todas partes, pero la palabra de Dios traza un destino fijo. La voluntad de Dios para nuestras vidas es segura, aun cuando no la entendemos.

Estuve toda la semana encerrado en mi casa buscando la dirección de Dios en intimidad. Cuando llegó el sábado en la mañana, mi teléfono celular comenzó a sonar. Era una llamada insistente y persistente. Estuvo sonando hasta un poco más del medio día, cuando de pronto recibo un mensaje de texto de uno de los jóvenes de mi iglesia, diciéndome: *"La hermana "fulana" me está llamando y me dice que necesita hablar contigo urgentemente"*. *"¿Fulana quiere hablar conmigo?"*, me preguntaba yo. *"Si yo nunca converso con esa hermana"*, continué. *"Dile que yo la llamo más a la tarde cuando saque tiempo"*, le terminé de contestar al joven. No más de diez minutos después mi pastor me escribió diciéndome lo mismo, por lo que tomé el teléfono y le marqué. Cuando la hermana contestó mi llamada, la escuchaba algo alterada y desesperada del otro lado. *"Te he estado llamando desde temprano y no te he podido conseguir. Traté de llegar a tu casa, pero como no sé dónde vives, me perdí"*. Me parecía extraña su insistencia, pero continuó: *"Anoche mientras oraba te vi en una visión"*. No pude disimular mi incredulidad, por lo que pregunté con un tono sarcástico: *"¿Que vio?"*. *"Estabas vestido con "tal" ropa"*, me contestó. Al mirarme, me di cuenta de que era la misma ropa que yo llevaba encima. Culminó diciendo, "*Dios me dijo que te llamara y te dijera que tengas cuidado con lo que vas a decidir, pues hay una oferta que se te ha hecho y no proviene de Dios*". Sudé frío al escuchar aquellas palabras. Nadie sabía lo que el pastor y yo habíamos hablado en Texas y de pronto esta hermana, con quien nunca converso me lo cuenta como si lo hubiera visto en una película.

El apóstol Pablo declaró que la voluntad de Dios es "*buena, agradable y perfecta*", (RV60 Romanos 12:2). A veces no la entendemos y es posible que nos parezca algo extraña, pero SIEMPRE nos da garantía de cumplimiento. Al mirar el diseño de Dios para tu vida, te darás cuenta de que tendrás que despedir personas, lugares y cosas, no porque no los amas o respetas, sino porque simplemente te atrasan y nunca estuvieron en boceto de Dios para ti.

La única forma de llegar a nuestro destino es recibiendo la dirección del Espíritu Santo. Su voz nos guía y conduce por el camino correcto y seguro.

El GPS o Sistema de Navegación se ha vuelto en una de las herramientas más poderosas para llegar a nuestros destinos terrenales. Yo en lo personal lo utilizo semanalmente cuando salgo a predicar en diferentes partes de la Isla. Lo curioso del GPS es que, podía haberte dicho la dirección por un espacio de treinta minutos y cuando haces o tomas alguna salida o entrada equivocada, ella vuelve a redirigirte por el camino correcto. Te dijo que giraras a la derecha, tú lo hiciste a la izquierda, y ella sin molestarse, te dice con un acento de española:

"*recalculando*", y vuelve a mostrarte el camino. Siempre te revelará el camino que te lleva a tu destino.

Dios nos ha compartido y dejado al Espíritu Santo, que Jesús dijo de Él: "*os guiará a toda la verdad*", (RV60 Juan 16:13). Amado lector, todos nos hemos equivocado en algún momento de nuestra carrera, pero Dios nos dejó el mejor guía. Él no nos dejará solos, sino que siempre nos susurrará qué debemos y no hacer. Por dónde o no entrar e ir. Déjalo que te guíe, que te aseguro que no te defraudará ni dejará en medio de tu caminar.

A veces se nos hace comprender el detalle que Dios sabe lo que hace. Debo decirlo una y otra vez, Él es un experto y no un aprendiz. Si hay algo que me da seguridad, es exactamente eso. Poder entender que Dios no está haciendo experimentos con mi vida, sino que, como todo un Arquitecto y diseñador, dio detalles de mi vida. Habló sobre cuales puertas abrir y cuales cierra, porque Él sabe que, si "*esta*" puerta se cierra, "*aquella*" otra se puede abrir. Su característica de Creador le hace abrir cosas nuevas y agradables de situaciones cerradas y obstruidas.

En Los Zapatos Del Evangelista

CAPÍTULO ONCE
Lo Quieres Y Lo Que Necesitas

"A veces lo que quieres no lo necesitas, y aquello que necesitas no lo quieres"

-Anónimo-

Tenía diecinueve años de edad viviendo en el estado de Massachusetts. Apenas llevaba dos años en la predicación de la Palabra y viajaba entre algunos estados de vez en cuando anunciando el mensaje de la Cruz. Era muy emocionante para mí ya que me sentía como un predicador internacional, cuando apenas era un predicador *"interestatal"*. (Perdonen mi chiste flojo). De vez en cuando anunciaba a Jesucristo por la radio, templos, en la calle y donde quiera que tenía la oportunidad. Con un grupo de amigos evangelizábamos en un parque y ayudamos a reconciliar a muchos nuevamente con el Padre. Definitivamente fue un tiempo emocionante.

No gozaba de una agenda muy llena, pero sí con el favor y la gracia de Dios donde quiera que me paraba. No había una profundidad de palabras, pero sí una profunda intimidad con Dios. Mis sermones no eran extensos, pero sí efectivos. No era elocuente, pero sí inspirador. Sacaba mis horas y días para estar a solas con Él buscando dirección en todo.

A pocos meses de cumplir mis veinte años comienzo a sentir una carga e inquietud profunda. No sabía a qué se debía, pero entendía que algo Dios me pediría. En mi tiempo secreto comencé a pedirle a Dios que me mostrara algo o hablara acerca de lo que debía hacer, cuando de pronto escucho la voz del Señor decirme: "*Tu tiempo en Massachusetts terminó, regresas a Puerto Rico*".

Aquellas palabras fueron inesperadas, ya que en lo último que pensaba era Dios sacándome del lugar en el que más cómodo me sentía y me moviera a un lugar completamente diferente. Peleé con Dios por días y semanas ya que no deseaba salir del estado en el que vivía por tres años. Volver a Puerto Rico, era para mí sinónimo de comenzar de cero. En Puerto Rico nadie me conocía. No había una agenda, viajes, radio, puertas ni contactos. "*¿Cómo que debo salir a un lugar donde no me conocen, ni oportunidades tengo de nada? ¿Estará Dios seguro de que esto es lo mejor para mí?*" me preguntaba.

A pesar de que no entendía las razones por las que Dios me movía, decidido a obedecer comencé a hacer todo lo necesario por salir. Cuando me senté a hablar con mis amistades e íntimos acerca de lo que Dios me pedía y de lo que estaba por hacer, recuerdo una mujer que se me acercó. Era una mujer joven y que conocía de muy poco. Ella me preguntó acerca de lo que había escuchado de mi salida y cuáles eran las razones por las que debía irme. Me preguntó: "*¿Por qué decides irte hacia Puerto Rico? ¿Cuál es el problema, transportación? Pídeme el auto que tú quieres y yo te lo compro*". (Hay quienes ofrecen y no tienen para dar, otros ofrecen y sabes que lo pueden dar). Continuó: "*¿Cuál es el problema, vivienda?*" Me continuó diciendo: "*Yo te pago un apartamento mensualmente y semanalmente te hago pasar un sueldo. Sólo tienes que dedicarte a orar, predicar y vivir para Dios, yo me encargo del resto.*"

Mis pensamientos se transportaron a otro tiempo. Me veía conduciendo el auto que más deseaba en aquel entonces, un Lexus de modelo is 150. Lo vi de color gris, con asientos en cuero y con techo solar. Podía ver mi apartamento con toda la decoración y muebles. Era toda una carga desaparecer y un sueño hacerse realidad por una sencilla oferta que presentaban delante de mí. Esto debía ser Dios, eso pensaba…

Creo que hay ofertas que solo llegan una vez por vida, estoy seguro de que esa era. Recuerdo disfrutar la oferta pensando que era lo mejor que estaba sucediendo. Lo veía como una oportunidad o bendición de parte de Dios, pero mientras me deleito en aquellas palabras que me parecían como música, llegó como un relámpago a mis oídos las palabras que anteriormente Dios me había dicho: "*Tu tiempo en Massachusetts terminó*". Mi tiempo se detuvo. Hubo un silencio dentro de mí que me pareció eterno. Al instante se desató el mayor conflicto dentro de mí. Me preguntaba con insistencia: "*¿Qué hago? ¿Tomo y acepto la oferta que me hacen o camino de acuerdo con lo que ya Dios me dijo?*" Obedeciendo la voz de Dios, rechacé la oferta de la mujer y acepté la palabra de Dios para mi vida.

Encontraremos ofertas que serán exactamente lo que queremos, pero Dios siempre nos presentará delante lo que necesitamos. Diariamente lucharemos con lo que **queremos** y lo que **necesitamos**. Hay ofertas que tendrán apariencias de divinas, pero al mirarlas a profundidad, te das cuenta que son dañinas.

Lo que quiero me satisface, llena y emociona en el momento, pero lo que necesito me sostiene y mantiene para siempre.

Querer implica egoísmo, necesidad habla de lo que falta y carece. Dios, reconoce todo lo que depositó en nosotros, y siempre traerá todo lo necesario para desarrollar, despertar y activar lo que cargamos. Mueve lo necesario y quita lo que ocupa el espacio de lo que debe estar siempre para añadir lo que debe estar.

Hoy puedo admitir y reconocer que he sido bendecido por Dios. Ha provisto y abierto puertas cuando he decidido aceptar aun cuando no entiendo, pero confío que Él sabe lo que hace. Conoce perfectamente tus deseos y también tus necesidades, y de acuerdo con Su plan te aseguro que te bendecirá y proveerá.

El libro de los Jueces presenta a Sansón como el joven que Dios había escogido desde su niñez para una tarea específica. Su destino había sido trazado por Dios, pero su propia voluntad se había convertido en su mayor enemigo. El mayor problema de Sansón era que su

NECESIDAD estaba siendo vencida por su AMBICION y CODICIA. Dios le pide que no se dañe ni corrompa, pero sus pasiones humanas le hacen desviar su mirada y enfoque a lo pasajero y perecedero. Está comprometiendo su destino por su "*apetito*".

El problema que tenía Sansón era que coqueteaba con lo que él sabía que le podía llevar a su caída. Él sabe muy bien de lo que Dios le advertía, pero conducido por lo que quería cayó exactamente en lo que Dios le dijo que caería.

El comienzo de la ruina está sujeto a las cosas que elegimos sin autorización de Dios. Hay personas que, al igual que Sansón, han escuchado la palabra de advertencia de parte de Dios para sus vidas. Él les dijo que NO, pero ellos siguen diciendo que SI. Entonces pasan la vida esperando a que Dios bendiga lo que Él NUNCA aprobó.

Dios no prospera ni hace crecer aquello que Él sabe que es dañino para nuestras vidas. Él conoce cuáles son las cosas tóxicas que te pueden traer ruina y tropiezo.

Yo he escuchado a personas decir, "*A mí tal predicador me dijo -esto y esto- de parte de Dios, y aunque yo no estoy seguro si fue Dios quien lo dijo, yo le reclamo a Él para que lo cumpla*". ¡Espérate! Dios no está comprometido en cumplir o hacer algo que Él nunca dijo. No lo responsabilices a Él con lo que un ministro irresponsable te dijo. Sujétate a lo que Él sí dijo, porque en tu obediencia a Su Palabra encontrarás la bendición que necesitas.

CAPÍTULO DOCE
Maestros Del Disfraz

"Predicar moral es cosa fácil; mucho más fácil que ajustar la vida a la moral que se predica"

-Arthur Schopenhauer-

Aquella sensación nunca se me olvida. Era como un escalofrío que lentamente subía por mis espaldas apagando toda esperanza y pasión por lo que Dios había colocado en mi vida. Un silencio invadía mi habitación mientras era arropado por el vacío. Me encontraba justo delante del espejo alistándome para salir a predicar aquella noche. Mientras me acomodaba el lazo de mi corbata, recuerdo ver mi reflejo delante de mí y una pequeña frase que apareció entre ceja y ceja que decía: *"Aquí vamos nuevamente con el disfraz."* Esas palabras me parecían como un balde de agua fría derramada sobre mi cabeza. Yo sabía lo que significaban esas palabras. Entendía la gravedad del asunto, solo que no me había sentado a enfrentar la realidad que vivía.

Llevaba tiempo predicando. Aproximadamente algunos cuatro años anunciando el mensaje de la Cruz. Había viajes, televisión, radio y una agenda extremadamente cargada. No sabía decir que no a los compromisos. Aceptaba absolutamente todas las invitaciones sin distinción y sin medir el espacio y tiempo entre una y otra. Hubo ocasiones que llegaba a mi casa a las cinco y seis de la mañana habiendo salido a predicar la noche anterior, y aun así tener que dormir quizás tres horas para prepararme y salir a ministrar nuevamente. Cerrar por varios años una agenda con aproximadamente algunas doscientas cincuenta predicaciones en diferentes lugares. Verdaderamente me sentía extremadamente cargado.

Yo pensaba que el éxito ministerial radicaba en tener una agenda llena y no tener espacios vacíos. Durante años mi mentalidad de un ministerio poderoso era aquel que constantemente viajaba a diferentes países, salía por la televisión o que se escuchara semanalmente en la radio. Cuán equivocado estaba yo. No entendía que mientras más se llenaba mi agenda, más se vaciaba mi alma. Mientras más me envolvía en mis planes, mucho más olvidaba los de Dios.

Preparar un bosquejo para predicar se me hacía tan sencillo. Podía abrir la biblia y de dos o tres versículos predicar. Había un "*don*", pero no había una "*conexión*". Tenía la habilidad de "*hablar*", pero no el "*poder para transformar*". Me había convertido en un experto en mi trabajo, pero no vivía apasionado por él. No había oración, ya que mi tiempo estaba tan cargado, que separar el momento para encerrarme y hablar con Dios me parecía mucho. Por lo tanto, lentamente comencé a morir. Me sentía vacío. Estaba incompleto.

Ahora el problema no era llenar una agenda, sino cumplirla estando vacío. ¿Cómo llenar a otro si yo estoy vacío? ¿Puedo saciar a otro estando yo sediento? Era como una fuente que prometía agua fresca y cristalina, cuando el pozo está seco. No puedo impactar si no soy impactado primero. No puedo libertar si no he sido libertado. Necesitaba urgentemente una intervención.

Una agenda llena, y ahora me tocaba ponerme mi disfraz de predicador. Mi chaleco de profesional, corbata de santidad, zapatos de unción, y mi camisa de botones hasta el cuello para mostrar seriedad. Todo un disfraz. Disfrazado en alguien que ya no era, un predicador lleno de Dios. Era un buen orador, pero no era un predicador. Era un excelente exponente, pero un pésimo recipiente. Exhortaba, pero no transformaba. Hablaba sin edificación y sin sazón por la sencilla razón que mi agenda había reemplazado la agenda de Dios. Estaba tan enfocado en trabajar para Dios que se me había olvidado trabajar con Dios. Ya no era mi compañero de viajes, ahora era una referencia. No era la esencia y substancia, sino que ahora era una imagen o sombra.

Es interesante la cantidad de ministros perdidos en el laberinto de una agenda sin poder encontrar a Dios. Se han perdido tan profundamente en sus planes, que se olvidaron de que Dios es su guía y brújula. *"Desconectados y alejados de Dios -**NADA**- podemos hacer"* (RV60 Juan 15:5 Adaptación por escritor). No podemos ser efectivos si vivimos apartados de la fuente. Es imposible impactar sin ser impactados primero. Creo en ser efectivos, correr nuevos terrenos y tener una buena agenda, pero una que tenga a Dios como el centro.

Isaías en el capítulo 6 de su libro, describe su experiencia con la gloria. Su vida choca con Dios y es confrontado con la realidad de cómo verdaderamente es él. Durante años yo dejé de pedirle experiencias emocionales, porque cuando acababan los brincos y los gritos, también acababa mi vivencia. Entonces mi oración era:

"No me des una gloria que me EMOCIONE, sino una que me TRANSFORME".

Isaías es tan impactado por la gloria manifiesta, que declara: *"¡Ay de mí! ...porque siendo hombre inmundo de labios"*, (v.5). El efecto que tiene la gloria es que te confronta con tu realidad y te lleva a cambiar. No creo en una gloria que te hace brincar solamente, sin producir cambios en tu vida. Al igual que el profeta, yo necesitaba un encuentro con la Fuente de Agua Viva para saciarme y así poder saciar a otros. Isaías continúa: *"y habitando en medio de pueblo que tiene labios inmundos"*, (parte b del verso); antes de reconocer el mal del pueblo, él debe reconocer el suyo propio. No puede fijarse en el problema de otros, si primero no se mira en el espejo y se da cuenta de que lleva un disfraz puesto.

Somos efectivos cuando somos reales y sinceros. Ni las credenciales, títulos o posiciones impresionan a Dios. Hoy día tenemos a muchos que ministran desde el don, pero no desde la presencia. Hablan del conocimiento, pero no de la revelación. Necesitamos ser tocados con la gloria para que luego la gloria toque a otros a través de nosotros.

CAPÍTULO TRECE
Más allá de lo que ves

"Todos ven lo que tú aparentas; pocos advierten lo que eres"

-Nicolás Maquiavelo-

Esa acababa de ser una de las noches que yo sabía que nunca olvidaría. Estaba acabando de llegar a mi casa a eso de la una de la madrugada de un *"compromiso"*. Me encontraba en mi habitación frente al espejo deshaciendo el nudo de la corbata que me habría tomado tan solo segundos en formar. Mi corazón palpitaba tan fuerte que lo podía sentir hasta en mis oídos. Estaba molesto, bueno, sinceramente furioso. Sentía que la sangre me hervía y que me latían les venas de la frente. Había tenido una mala experiencia y lo único que deseaba era gritar del coraje. Obvio que ese día no comenzó así, sino que fue todo lo contrario.

Me había levantado temprano aquella mañana muy entusiasmado ya que me tocaba predicar tarde en la noche. Como acostumbrado, cuando no tenía mensaje o bosquejo preparado, alistaba mi mochila con la biblia, libretas y libros de estudio y me conducía hasta el templo para así encerrarme y pedir inspiración divina. Era mi pensar que Dios me hablaría y daría uno de esos mensajes que hace saltar y correr a la gente. Llegué al templo con las intenciones de orar, leer y prepararme. Las horas me pasaban de largo y no llegaba palabra como para preparar un bosquejo. Cuando llega la hora de las cinco de la tarde, de momento Dios me habla. No me habló de ningún bosquejo o mensaje para predicar, sino que me dijo: "*Hoy no te dejarán predicar*". Me parecía extraño ya que el compromiso en la agenda llevaba meses y que ahora Dios me dijera esas palabras. Entendiendo la palabra que Dios me acababa de dar tomé mis cosas y regresé a mi casa.

Ahora en casa me encontraba luchando con dos pensamientos, "*¿voy o cancelo sabiendo que no predicaré?*" Tenía todo el derecho de quedarme en casa, tomar el teléfono y explicarles que Dios me habló, aunque no les diera los detalles de lo que me dijo, pero sí cancelarles. Mas, sin embargo, quise ser responsable y presentarme. Esa tarde me bañé, vestí y preparé para el servicio. Recuerdo que traté de ir lo más representable posible y a la vez un poco más juvenil, pues el servicio era especial de jóvenes. Zapatos marrones, pantalón vino oscuro, camisa blanca y blazer azul. Cuatro colores, que a mi entender eran representables y juveniles. Dentro de mi entendía que estaba bien.

Al llegar las siete de la tarde me encontraba estacionando mi auto frente al templo. El estacionamiento estaba tan lleno que yo sabía que el templo estaría igual. Me bajé del carro y me hice el nudo de la corbata que tan solo me tomaría unos breves segundos en formar, ya que estaba acostumbrado a hacerlo aun con los ojos cerrados.

Caminé hacia la entrada donde vi a una mujer anotando en una libreta grande de color azul royal los nombres de las visitas y de todos los que llegaban de diferentes lugares. Me miró, pero no a mi rostro, sino a mi ropa. Sus ojos no hacen contacto con los míos, solo me miró de arriba abajo. Se fijó en cada detalle de mi vestimenta.

Interrumpiendo lo que parece ser una prueba o examen de "*rayos x*" me presenté como el predicador, "*Soy Michael Santiago, y me invitaron a predicar*", le dije. Sus ojos dijeron mil palabras en un segundo. Entendiendo su lenguaje corporal y la incomodidad de lo que pareció ser el recibimiento más extraño, le pedí que me dirigiera hacia el baño. Me miré en el espejo pensando, o tratando de hacerme creer que todo "*eso*" fue porque quizás tenía algo en la cara o específicamente en la nariz. Aunque sabía que no tenía nada, sólo quería hacerme creer que ésa era la razón.

Caminé al asiento vacío que encuentro y me arrodillo, casi sin poder orar, solo pensando en lo extraño de lo que acababa de suceder. Terminé de orar y me senté para tratar de gozarme con los cánticos mal entonados y medios "*sosos*" que cantaba aquel pobre muchacho, que pareció sudar hasta por su pelo a causa de la tensión y opresión que había en los aires. En lo que continuaba el servicio y los cánticos me doy cuenta de que nadie más se ha acercado para saludarme, ni tan si quiera el pastor, que ya tuvo contacto visual conmigo. A pesar de que me ha mirado desde el altar, ni desde la distancia me ha saludado.

No hay que ser muy espiritual para saber lo que ocurría. Podía discernir lo que pensaban. Cuando el de los cánticos está en su última alabanza, uno de los líderes se me acerca a mi lado derecho y me dice al oído que el pastor me esperaba afuera, pues deseaba tener una palabra conmigo. Muy obediente le seguí y me condujo hacia afuera, al costado del templo, donde vi al pastor parado sólo en la oscuridad. Asustado, pues lo único que vino a mi mente era que me asaltarían o agredirían. Seguro que no era para nada parecido, pero mi mente sólo daba diferentes posibilidades a lo que estaba por acontecer, sin poder acertar en lo más mínimo. Allí permanecí en silencio y oscuridad por minutos junto al pastor. Ya el joven se había ido y allí permanecimos el pastor y yo sin que una palabra se pronunciara.

De repente, la barrera del silencio se rompió con las palabras hirientes que salieron de la boca del pastor. Sin mirarme a los ojos, sino más bien mirando el suelo y en ocasiones mi ropa me dijo: "*¿Qué te pasó? ¿Qué pasó con tu ropa y tu cabello?*" (Debo aclarar que mi pelo no tenía nada de malo, sólo estaba peinado hacia mi lado derecho). "*Yo no te puedo permitir predicar aquí así. Me vas a dañar y contaminar la congregación y a los jóvenes. Si ellos te ven predicando vestido de esa manera tomarán malas costumbres y se dañarán por completo. No puedo permitir que me dañes la iglesia*". Mientras el pastor me decía a mi cara y sin mirarme a los ojos lo que para mí era un insulto y una falta de respeto, allí permanecí en silencio.

Recuerdo que desde mi niñez mi madre siempre me enseñó a nunca faltar el respeto a nadie. Así que callé, respiré hondo y profundo y le dije con la voz más serena que pude sacar: "*Respeto su decisión. Usted es el pastor y aquí se hará lo que usted diga. No tengo problema con sentarme y escuchar a otra persona predicar hoy*". Le di la mano y me regresé a mi asiento. Permanecí en el servicio por un tiempo luego de aquella tan mala experiencia y luego salí de regreso a casa.

Ahora en casa me estaba quitando la corbata lentamente. Me encontraba furioso y a la vez herido y decepcionado por lo ocurrido. Mientras me miraba en el espejo me preguntaba, "*¿En esto se ha convertido el evangelio? ¿La unción sólo reposa sobre recortes y peinados "normales" o sobre trajes y corbatas de cierto estilo? ¿Tan religiosos nos hemos convertido en que ya le decimos a Dios a quién usar y a quién no de acuerdo con su aspecto físico?*"

La verdad es que hemos perdido mucho. Echamos a perder el discernimiento que ve más allá de las apariencias y vestimentas para escudriñar hasta lo más íntimo de las personas.

Mi enojo era contra Dios y el pastor. Con Dios, (en mi ignorancia), porque yo le decía: "*Te he predicado desde mis diecisiete años. He hablado lo que otros no se atreven y he ido donde otros no desean. Me he gastado para ti y ¿permites que me traten e insulten de tal manera?*" Contra el pastor también, pues ya su visión se había enfocado más en la "*apariencia*" y no en la "*esencia*". A pesar de lo que acababa de experimentar, el próximo día me tocaba ministrar y ¿cómo hacerlo si estaba molesto, herido y decepcionado?

Nicolás Maquiavelo acertó muy bien al decir: *"Pocos ven lo que somos, pero todos ven lo que aparentamos"*. Dios le declaró a Samuel lo mismo en palabras más contundentes: *"...el hombre mira lo que está delante de sus ojos, pero Jehová mira el corazón."* (RV60 1 Samuel 16:7). Me parece interesante, que siendo Samuel un gran profeta de Dios su vista y enfoque se deslicen hacia lo incorrecto creyendo y pensando que "esto es lo que Dios mira y busca. ¡Qué tan equivocado estaba!

En mis años de ministerio he visto a Dios usar las personas que yo mismo descalifiqué. Personas sin la mejor apariencia, pero con un respaldo de Dios indudable. Aún nuestras vidas pueden ser usadas por Dios sin importar lo que tengamos o no. No permitas que los comentarios, opiniones o prejuicios de las personas opaque quién eres en Dios. No eres lo que el hombre dice que eres, sino lo que Dios ya dijo. Desde antes de la fundación del mundo te vio como el candidato perfecto para hacer milagros y grandes prodigios. Depositó propósito en tu vida sin mirar lo que careces o tienes demás.

Al ministrar la próxima mañana vi a Dios manifestarse tan tangible y visible. El poder de Dios se hizo real en aquel lugar. Ese día pude entender y ver que Dios nunca dependió de mis zapatos marrones, pantalón vino oscuro o camisa blanca para utilizarme, sino un corazón sensible y dispuesto para Él.

CAPÍTULO CATORCE
Oportunidad

"Un optimista ve una oportunidad en toda calamidad, un pesimista ve una calamidad en toda oportunidad"

-Winston Churchill-

Sentí como si hubieran sido los tres días más largos de mi vida. Me encontraba retirado sólo en una pequeña casa de madera y techo de zinc, en una montañita del pueblo de Lares Puerto Rico. Había decidido apartarme de todo y todos por varios días, pues necesitaba dirección de Dios para las próximas decisiones que estaba por tomar. Con una pequeña mochila que contenía dos pantalones, tres camisas, libros, biblia, computadora y otros esenciales, había comenzado lo que a mi pensar serían *"tres días de gloria"*. Creía que sería una de esas experiencias como las que la Biblia relata sobre Moisés cuando vio la gloria de Dios. Poco sabía yo que serían días largos y exhaustivos, y nada comparados con lo que el patriarca vivió.

Me encontraba en lo que en inglés llaman *"crossroads"*, la *"encrucijada"* de mi vida. Necesitaba tomar decisiones y no sabía por dónde comenzar. No llevaba mucho tiempo viviendo en Puerto Rico, pues acababa de llegar del estado de Massachusetts. Nuevo a este pueblo montañoso, tipo campesino, todo lo contrario, a lo que yo estaba acostumbrado. Yo había sido criado en las ciudades de Nueva York y en otros pueblos de Puerto Rico, de los que yo decía que tenían más civilización, y ahora en una montaña. Pero ahí estaba, en Lares, molesto y frustrado. Molesto y frustrado pues yo había llegado de viaje por orden de Dios, y a mi entender, así como el ministerio "*fluía*" en los Estados Unidos, así mismo sería en Puerto Rico, pero no. No había invitaciones ni salidas. No hubo ministraciones a cientos ni a pocos, nada. Absolutamente nada. Yo estaba ya acostumbrándome a la vida ministerial de predicaciones y viajes, y que ahora no estuviese haciendo algo, para mí era tortura. Era sentirme morir.

Allí estaba, sólo en una casita de madera en una montaña esperando escuchar la voz de Dios. Yo esperaba ver el cielo abrirse ante mis ojos, ver luces, ángeles y seres celestiales. Esperaba escuchar la voz de Dios tronante y estremecedora. Quería ver al Espíritu Santo en forma de hombre de llamas y de fuego. No se me erizaron los pelos en ningunos de los días que estuve allí. No escuché voces, truenos, ni estruendos de muchas aguas. Lo único que escuchaba eran perros ladrar a la distancia, sonidos de pájaros extraños, que aún hoy en día no sé qué tipo son. Solo escuché y sentí la lluvia fuerte caer sobre aquel techo de zinc, y no tener posibilidad de escuchar otra cosa pues al golpear las gotas sobre él hacían un sonido muy fuerte.

Con un poco de miedo sí, bueno, un poco no, mucho. Asustado en las noches, pues escuchaba sonidos extraños y sentía que tocaban a la puerta de aquella pequeña casa de madera y que caminaban sobre su techo de zinc. No soy muy corpulento como para pelear y defenderme, mucho menos ágil para tratar de correr por si alguien o "*algo*" entraba a aquel lugar. Por lo que la oración o declaración más frecuente era "*Me cubro con la sangre de Cristo*". Era lo único que podía decir cuando el miedo me invadía.

Así que, allí estaba. En aquella casita de madera preguntándole a Dios si la decisión de mudarme a Puerto Rico fue la correcta y dirigida por Él, o simplemente una equivocación mía. Era mi mentalidad de que "*puertas abiertas*" era sinónimo de "*voluntad de Dios*". Yo creía que, si estaba predicando, viajando y ministrando, pues estaba caminando en la voluntad de Dios, pero estaba muy equivocado. Durante esos tres días le pedí que me hablara y guiara, pues si Él no lo hacía, la decisión sería tomada por mí. "*Entrego todo y me voy*", le dije. Me olvido de Puerto Rico y me regreso a Massachusetts donde me conocen y puedo predicar en la radio, la televisión e iglesias. Para mi sorpresa, no me hablaba. Simplemente había silencio de Su parte. No me dejaba sentirlo ni escucharle.

El desánimo comenzó a invadirme, al punto en que simplemente me sentaba en aquel grande sofá de color azul, con diseños de flores amarillas, lleno de polvo y oloroso a humedad por estar encerrado tanto tiempo, y me quedaba en silencio y sin orar. "*Si Tú no me hablas, pues yo a ti tampoco*", eran las únicas palabras que le decía con molestia e ignorancia. Si me decidía a leer la Palabra, las letras cambiaban de significado o como que, si se alejaban de mí, pues no entendía nada de lo que leía. Era tan difícil y exhaustivo leer que lo dejaba de hacer por completo.

Para hacer de los tres días algo más sacrificados, decidí hacerlos en ayuno. Sin comida, solo un galón de agua. Eso hizo que los días parecieran más largos, pues el dolor del hambre me despertaba de noches y el des balance y mareo me obligaban a permanecer sentado o acostado por largos periodos de tiempo. Había hecho ayunos de varios días anteriormente, pero éste prometía ser más dificultoso.

Cuando llegó el tercer día y ya estaba decidido en regresar a casa de mis abuelos y hacer todos los ajustes necesarios para salir de la isla, mientras empacaba mis cosas y pensaba en poder comer algo, en la computadora que había llevado conmigo comenzó a sonar una alabanza. No tengo registro en mi memoria de haber descargado aquella alabanza en la computadora, pero allí estaba, aquel cántico de Juan C. Alvarado y justo a tiempo comenzó a sonar. Sorprendido por la alabanza que escuchaba, me recosté en una pequeña hamaca que había dentro de aquella casita de madera para escuchar lo que sonaba. Cerré mis ojos y comencé a meditar en aquella letra: "*El fuego en el altar no se apagará. El fuego en el altar no se apagará. Cada mañana llevaré la leña a tu altar, oh Dios. Mi vida entregaré como una ofrenda para Ti. Cada mañana buscaré tu rostro y lo encontraré, porque buscaré de todo mi corazón.*" Comencé a llorar mientras escuchaba esa alabanza. Las lágrimas que brotaba parecían una fuente de agua interminable. Lloré lágrimas de sinceridad, arrepentimiento, vergüenza, asombro y alegría. Mientras lloraba, ocurrió lo que yo deseaba, pero no como lo esperaba. Sentí como aquella fuerte y dulce presencia del

Espíritu Santo traspasó el techo de zinc de aquella casita de madera, me abrazó y entonces escuché Su voz decirme: "Lo que tú llamas fracaso, Yo llamo oportunidad". Ocho palabras que fueron más que suficientes para restaurar mi vida y reenfocarme en el propósito divino de Dios.

La palabra crisis en japonés (危機=kiki) está compuesta por los caracteres 危= "*peligro*" y 機= "*oportunidad*". Los japoneses siempre intentan buscar formas de algún beneficio ante situaciones dificultosas. Este término es interesante por demás, ya que nos permite ver que dentro de cada dificultad, problema, crisis o fracaso que vivimos hay una oportunidad que se presenta para nuestras vidas. El apóstol Pablo lo dijo de mejor forma a los Corintios: "*Porque esta leve tribulación momentánea producirá un excelente y eterno peso de gloria.*" (4:17 RV60). Pablo entendía que dentro de cada situación de prueba hay oportunidad para que algo glorioso ocurra. Tenía toda la seguridad de que las pruebas y situaciones nunca serían tan grandes que detendrían la gloria que Dios revelaría.

No pasó mucho tiempo cuando de momento el ministerio comenzó a "*fluir*" de la misma manera en que Dios me había dicho, con un BOOM. Las puertas se abrían por cantidades a la vez. Dios había utilizado mi crisis y fracaso para Él glorificarse y cumplir todo lo que había prometido. Tengo por cierto que de la misma forma Dios hará en tu vida. Lo que Él te prometió ten por seguro que lo verás. Abrazarás tu promesa y caminarás en la Oportunidad que Él preparó para ti.

Toda puerta que en tu vida se cerró, abrió espacio para que una nueva oportunidad del Señor se muestre y presente.

Hay cosas que hoy tu no tendrías si otras no hubieran sido quitadas o impedidas. Hay puertas que estarían cerradas en tu presente, si en tu pasado otras se hubieran abierto. Todo lo que muere y caduca deja espacio para lo nuevo en tu vida. A veces lloramos y le reclamamos a Dios por cosas que no se dieron, perdiendo de perspectiva que cosas nuevas Él está por traer.

Dios tiene que permitir etapas en las que nos tiene que *"incubar"*. El propósito de la incubadora es mantener un ambiente de desarrollo y preservación. Nos separa de todos y en silencio nos va preparando. Hay procesos que llamamos desierto, y Dios los llama incubación. Situaciones que llamamos tormentas, y Dios las llama preservación. Nos está guardando en el secreto para capacitarte y luego posicionarnos. Él nos llevará aún más lejos de lo que podemos imaginar.

CAPÍTULO QUINCE
Parece, Pero No Lo Es

"No es oro todo lo que reluce"

-Refrán-

Todo comenzó en el secreto con Dios. No había luces, agendas, viajes ni aplausos, pero sí intimidad. Como rutina devocional, y motivado por una pasión insaciable, todos los días salía de mi casa temprano en la mañana y me dirigía al templo para orar. a veces estaba ocho y diez horas diarias encerrado en la presencia del Señor. Desde recién convertido me habían enseñado a intimar con el Señor. Me mostraron un Dios de cerca y no de lejos. Me decían que para ver lo que nunca había visto, la oración era la llave que desataría eso.

Esta cierta mañana, me levanté muy temprano, preparo mi bulto con biblia, libretas y una merienda, pues sabía que sería un día largo, y salgo caminando hacia el templo. El lugar donde nos reuníamos para adorar me quedaba aproximadamente a unos treinta minutos andando a pies, por lo que sabía que debía salir con buen tiempo. Había una cierta ruta en específica que tomaba todos los días para llegar a mi destino. Muy pocas veces me desviaba de ella. Normalmente hacía una parada en el mercado de la esquina, compraba mi jugo de frutas, como siempre, y seguía mi camino.

Cuando estoy llegando a pocos pasos del mercado, escuché la voz de una mujer llamándome. Al voltearme, observo a una señora, no muy mayor, cruzando la calle y saludándome con la mano. *"¿Cómo estás?"* me preguntó. Sin dejarme contestar, continuó, *"Eres cristiano, ¿verdad?"* *"Sí"*, le contesté un poco extrañado. *"¿A qué congregación perteneces?"*, parecía que me interrogaba. Con un tono de voz de inseguridad, le contesté, *"Pertenezco a "tal" congregación por "este" espacio de tiempo"*. Cuando escuchó mi respuesta, su rostro no pudo contener su insatisfacción. Sin permitir continuar los segundos, o sin esperar la continuación de mi respuesta, me replicó: *"Vente para mi congregación. Tú no eres para estar en el lugar que estás ahora. Si tu vienes al lugar en que yo estoy, al mes ya estarás predicando y a los dos meses, te aseguro que estarás en la radio y la televisión."*

Son muy pocas las situaciones que me hacen estremecer y me llevan al punto de cuestionar muchas cosas, ésta era una de esas. *"¿Qué decirle? ¿Cómo contestarle? ¿Rechazo una oferta jugosa como esta o la acepto?"* Hay ofertas que llegan una vez por vida, y yo, con diecisiete años en ese momento, me creía que esta era una de esas.

Acomodé mis pensamientos en un instante, sujeté mis emociones, y le contesté con certeza y seguridad: *"Muchas gracias por su oferta, pero sé dónde estoy. Estoy seguro de que Dios me plantó aquí y no me puedo mover"*.

Era una declaración, pero a la misma vez me conmovía, pues era un joven que no estaba en la cúspide de su ministerio y que aún no había pisado nuevas tierras. Aquellas palabras me sujetaban a la tierra, pero al mismo tiempo me desafiaban y me preguntaban: *"¿Y si nunca tienes una oportunidad así? ¿Qué tal si esta oferta proviene de Dios y la estás rechazando?"* Sin esperar la respuesta de aquella mujer, me di media vuelta y continué mi camino al templo.

Aquella oferta corría en cada uno de mis pensamientos. Esas palabras me bombardeaban la mente todos los días. Creía yo que después de varios días se me pasaría y olvidaría. Para mi sorpresa, un poco más de una semana después, cruzando por el mismo mercado, en la misma esquina veo a la señora corriendo hacia mí y me dice: *"La oferta todavía está en pie. ¿Vendrás a nuestra congregación?"* Su insistencia ahora me incomodaba, al punto de ya molestarme. *"Con mucho respeto"*, le dije con un tono serio: *"Por favor no me insista. No voy a salir de donde estoy, y mucho menos moverme sin la dirección de Dios"*. Mi respuesta le chocó, por lo que, sin despedida alguna, se volteó y se fue.

Me sentía satisfecho y seguro de lo que había decidido. Debía orar el lugar en el que Dios me había plantado, y a la gente con la que Dios me había rodeado. Dios comenzó a bendecirme ministerialmente. Las puertas comenzaron a abrirse sin necesidad de tocarlas o empujarlas. El Señor se había convertido en mi carta de presentación.

Pocos meses después de lo vivido, vuelvo a encontrarme con aquella mujer. Ahora no era cristiana. Entre sus dedos sostenía un cigarrillo encendido, y en su otra mano cargaba una botella de cerveza. Me estremeció lo que vi, pues la vi apartada del Señor, pero a la vez sentía alivio por lo que meses atrás había decidido. ¿Qué habría pasado conmigo si aceptaba la oferta? ¿Dónde estaría yo ahora si ayer hubiera decidido impulsado por mis emociones? La oferta tenía "*apariencia*" divina, pero estaba sujeta al engaño, la corrupción y la mentira.

Siempre que Dios rompe, mueve, cancela y cierra algo, lo hace con la intención y el propósito de preservar tu depósito y conducirte a tu destino. Entiendo que toda puerta que Dios cerró abrió espacio para una nueva oportunidad. Necesitamos el discernimiento para entender qué proviene y o no de Dios. Es por esto y mucho más que el apóstol Juan nos exhorta a "*probad los espíritus para ver si son de Dios*" (RV60 1 Juan 4:1). Hay cosas que parecen ser de Dios, pero cuando las miras a profundidad te percatas de que son dañinas y corruptas. Observa. Escudriña. Ora.

Si el Profeta Joven de 1 de Reyes 13 hubiese discernido el espíritu del Profeta Viejo, no hubiera terminado como la cena de leones. El nombre y la reputación del viejo opacaron la visión de un apasionado confiado. Creo que uno de los errores más grandes que cometemos como personas y ministros, es que confiamos demasiado. Nos entregamos por completo a quienes nos abrazan y saludad con una palabra de bendición, sin mirar un poco más allá. Tu mayor victoria se puede convertir en tu mayor derrota si no estás alineado al Espíritu.

He tenido cantidades de personas que me han escrito pidiendo ser mis coordinadores fuera de Puerto Rico. Hubo uno insistiéndome desde el estado de Pensilvania que decía que "*sentía de Dios*". Tenga cuidado con los "*sentires*". No todo lo que se "*siente*" es bueno y mucho menos tiene que venir de parte de Dios. Era tanta la insistencia que me puse a orar. Le pedí a Dios que me mostrara el espíritu y la intención de dicha persona.

Hay buenas ideas con malas intenciones

Judas tenía buenas ideas con el perfume, pero su intención era robar y extraer del dinero, (Véase Juan 12:4-6). Se presentarán a tu vida personas que reconocerán tu potencial e intentarán lucrarse de él.

Ora, escudriña y ora un poco más hasta que tus ojos sean abiertos y veas la realidad. No te dejes impresionar por lo que llena tus ojos, sino guíate por la voz y la revelación del Espíritu Santo.

CAPÍTULO DIECISEIS
Perdón Que Sana

"Nada cambiará hasta que lo confrontes"

-Anónimo-

Hay experiencias que marcan tan fuerte nuestras vidas, que la única forma que nuestra mente puede traer sanidad o algún tipo de alivio es borrando de nuestro registro de memorias tal situación. Experiencias desgarradoras que nos hundieron en depresiones crónicas, pero que de momento no recordamos del todo cómo ocurrieron. Olvidamos detalles como lugares, fechas y en ocasiones personas. Es un sistema automático que defiende contras tristezas profundas. Mas, sin embargo, a pesar de que muchas memorias quedan olvidadas por completo, otras permanecen en fragmentos. Pedazos que quizás nos revelan ciertos detalles. Recordamos personas y no motivos, lugares, pero no personas y así sucesivamente.

La edad de nueve años representaba para mí un tiempo muy tenso. Mi memoria ha borrado ciertos detalles, pero los motivos que causaron heridas jamás pasaron al olvido. No recuerdo cuando ni como fue, solo recuerdo lo que sucedió. Mi padre nos había abandonado. Fue algo de la noche a la mañana. No me lo esperaba ya que en mi mentalidad infantil éramos una familia feliz. Todo parecía ser una película de una buena familia ya que no lo teníamos todo, pero nos teníamos a nosotros mismo. Nos ayudábamos, cuidábamos y defendíamos de quien sea o lo que fuera.

El abandono de mi papá despertó odio y rencor en mí a tan temprana edad. Las raíces de amargura habían invadido mi corazón y nublaban cada pensamiento bueno que había de él. No había forma de recordarlo de buena manera, ya que cada vez que su nombre, rostro o memoria llegaba a mi pensamiento, los recuerdos de sufrimiento en mi familia lo opacaban. *"¿Cómo recordar con amor al mayor causante de tristeza y dolor en nuestra casa? ¿Cómo pensar de buena manera en aquél que busqué cuando las enfermedades y dolencias aumentaban en mi cuerpo y no lo encontré? ¿Cómo amar a quien me abandonó?"*

A mis quince años reconocí a Jesucristo como salvador en mi vida y le di la oportunidad de que hiciera en mi todo lo necesario. Heridas fueron sanadas, la soledad desapareció, los pensamientos de suicidio me abandonaron y la depresión me soltó, pero aún había áreas en mi vida que necesitaban ser trabajadas. Hay cosas que Dios te quita, hay otras que te tocan entregar a ti. Yo creía que una vez que aceptaba a Jesús todo se solucionaba. ¡Cuán equivocado estaba yo! Urgentemente necesitaba poner en orden ciertas cosas en mi vida, y la primordial era el área del perdón.

Dos años luego de haberme convertido comencé a predicar. Entre mis viajes tuve experiencias muy bonitas que jamás se olvidan. Conocí nuevas tierras, congregaciones y amistades, pero a pesar de que el ministerio estaba en crecimiento, no era completamente efectivo ya que la ministración no era completa ni genuina. Algo faltaba. Yo hablaba del amor, la restauración y el perdón, pero personalmente no había perdonado al hombre que nos abandonó en nuestra niñez. La situación era tan delicada para mí que la evadía, la ignoraba y trataba de nunca tocarla o hablar acerca de ella.

"Nada cambiará hasta que lo confrontes", eran las palabras que retumbaban en mi espíritu a diario y éstas llegaron a tener realidad en mi vida a mis diecinueve años. Luego de tanto tiempo sin saber de mi padre, viviendo en el estado de Massachusetts, mis hermanos y yo nos enteramos de su paradero y residencia. Vivía en el estado de Pensilvania y dos de mis hermanos habían decidido viajar a verlo, un mes después viajé yo. Sinceramente no sabía con qué me enfrentaría o cómo yo reaccionaría. Había una mezcla de emociones en mí hasta que lo vi. Pura alegría tomó control de mí. No había forma de contenerme, después de tantos años por fin volvía a ver a mi padre, pero vero no era suficiente para perdonarlo. Estuve aproximadamente un mes en su casa compartiendo, y a pesar de que llevaba tantos días con él y el primer día de verlo había tanta emoción, sentía que el odio y el rencor aún permanecían dentro de mí.

La madrugada que me tocó irme, recuerdo levantarme muy temprano para recoger mis cosas y esperar a ser buscado para ser llevado a mi hogar. Eran aproximadamente las cuatro de la madrugada mientras yo esperaba a solas en las afueras del apartamento de mi padre a mitad de una nevada en el invierno. Con maletas en mano y tratando de protegerme del frío recuerdo escuchar la puerta abrirse detrás de mí y al mirar, me percato de que era mi padre. Parado de mi lado derecho permaneció mientras me buscaban. En el tiempo que él estuvo conmigo, intentó crear conversación conmigo, lo que sinceramente no me interesaba para nada. No hablé, no lo miré ni le mostré interés alguno en el tiempo que estuvimos a solas en el frío de aquella nevada. Cuando de momento se vieron las luces del autobús que me llevaría a mi casa mi padre comenzó a llorar. Nunca había visto algo así. Lloraba como un niño y sus palabras eran: "*Michael, perdóname por haberlos abandonado. Perdóname por no estar cuando más me necesitabas*". Intenté hacerme el fuerte y contener mis lágrimas como si no me importara lo que me decía, pero de pronto, con sus ojos cargados de lágrimas me miró y me dijo: "*Estoy orgulloso del hombre en el que te has convertido. Vivo orgulloso de que mi hijo es un ministro del Señor*". Las barreras y raíces que durante años se formaron en mí cayeron desplomadas cuando abrí mis labios y pude decir con una voz envuelta en llanto, "*Papi yo te perdono*". Lo único que me salía era "*Te perdono. Te perdono*". Dos palabras lo suficientemente poderosas para hacer desaparecer todo odio que había creado residencia en mi vida.

Mientras que nuestra memoria intenta "*protegernos*" olvidando ciertos acontecimientos, la mejor forma de sanar es enfrentando lo que vivimos. Cuando decidimos hacerle frente a lo que nos hizo daño y tomamos la decisión de perdonar, no estamos diciendo que somos débiles, sino todo lo contrario, estamos declarando que somos lo suficientemente fuerte para levantarnos y continuar.

No puedes ser sano hasta que no perdones.
Tu vida no puede cambiar hasta que no tomes la decisión de confrontar y perdonar. Tú decides. Permites que el odio cree en tu vida barreras y raíces que te llevarán a vivir en amargura, o te levantas, sacudes el polvo de tus rodillas y te elevas al lugar que fue diseñado para ti.

Durante toda mi vida, cada vez que intentaba ver televisión, y trataba de cambiar los canales, apretando los botones del control remoto, nada sucedía. Molesto comenzaba a manifestar una de las tácticas que creo que todos hemos heredado y aprendido de nuestros padres. Cuando el control no funcionaba, había que darle golpes. El detalle está en que, el problema no estaba en la estética, funciones ni botones del aparato, sino que cuando lo volteábamos, y luego de quitarle la tapa nos dábamos cuenta de que el problema era INTERNO. Sus baterías habían dejado de funcionar.

Entonces pasamos la vida dando golpes por todas partes, porque se nos enseñó que, si no funciona, hay que darle. Golpeamos el matrimonio. Golpeamos los hijos. Golpeamos el ministerio. Golpeamos la iglesia, pero escudriñando a fondo nos damos cuenta de que el problema tiene raíz. Por eso es por lo que hay padres que no muestran amor a sus hijos, porque sus padres no se los mostraron a ellos. Esposas que son infieles, porque sus madres les fueron infieles a sus esposos y ellas lo vieron, experimentaron y absorbieron, más ahora lo transmiten a los suyos.

El potencial de mucha gente hoy día se encuentra tronchado por situaciones que se fueron formando en el interior por años. Entonces no podemos ser efectivos hasta que resolvamos las situaciones internas que intentan destruirnos. Creo que, LO QUE NO MATES A TIEMPO, AL TIEMPO TE MATA A TI.

Siéntate y medita por un momento en lo que hoy tu reflejas en otros y cómo eso se fue formando en ti. Te darás cuenta, que quizás hay raíces que se formaron, pero ya deben ser arrancadas. Se libre para que libertes. Se Sano para que sanes.

CAPÍTULO DIECISETE
¿Será Él?

"El que no escucha primero a Dios no tiene nada que decir al mundo"

-Hans Urs von Baltasar-

Podemos vivir experiencias poderosas en Dios durante nuestra trayectoria como cristianos, pero nada se compara con lo primero que vivimos. Podemos servirle al Señor por largos años y experimentar cosas sobrenaturales, pero las que más nos marcan son aquellas del principio, cuando todo comenzó. Nunca olvidaré la primera vez que escuché la voz de Dios. Aquella voz fuerte, pero delicada y dulce a la vez, que te estremece hasta los huesos, te desnuda y hace sentir tan pequeño e insignificante.

Allí estábamos Juan, Emanuel, Ángel, José, Jonathan, Isaac, Daniel y yo, postrados sobre aquel altar frío del templo, deseando una nueva experiencia con Dios. Nos encontrábamos, como acostumbrado, orando de madrugada. Yo tenía quince años, era el más joven del grupo que le apasionaba buscar el rostro del Señor en las tardes horas de la noche. Me había distinguido entre mis primos por ser el único que danzaba en el Espíritu en prácticamente todos los servicios. A pesar de que con un mes de convertido ya danzaba y hablaba lenguas, era mi pensar y sentir que lo que había vivido no lo era "*todo*". Yo sabía que había más.

Siempre fui un cobarde para la oscuridad, y más si se trataba de estar en un templo de noche. Cualquier ruido hacía erizar los pelos de mi cuello y acelerar las palpitaciones de mi corazón. Las sillas y bancos del templo hacían ruidos, por lo que constantemente me volteaba para mirar e intentar ver lo que había, aunque dentro de mi deseaba no ver nada. Mis experiencias más frecuentes eran ver demonios en forma de sombras y cosas semejantes. No gozaba del privilegio que otros tenían de ver ángeles o seres celestiales. Lo mío era ver cosas malas, y aparentemente, estar constantemente estremecido por el miedo.

Todo cambió la noche que lo escuché. Había escuchado a otros decir que Dios les hablaba y que podían escuchar la voz de Dios de manera audible y otros la sentían dentro de ellos. Siempre me pareció curioso que un Dios tan grande, soberano y santo decidiera hablarle a un hombre pequeño y pecador. El salmista tenía las mismas preguntas cuando le interroga a Dios al preguntarle: "*¿Qué es el hombre, para que tengas de él memoria, y el hijo del hombre, para que lo visites?*" (RV60 Salmo 8:4). Un Dios soberano que piensa en el hombre y decide visitarlo y utilizarlo me parecía intrigante. Constantemente le preguntaba a predicadores y a cristianos de años ¿cómo podían reconocer la voz de Dios y qué sentían al escucharlo? Todos me daban respuestas diferentes que simplemente despertaban más mi apetito espiritual.

Aquella noche todos terminamos de orar de rodillas en el altar y al ponernos en pie hicimos una rueda, y Daniel, quien era el líder de jóvenes en aquel tiempo, y quien constantemente nos invitaba a orar nos pide orar por nosotros y luego por él. Cuando él finalizó su oración por cada uno de los que estábamos presentes, inclinó su rostro, levantó sus manos y pidió que todos pusieran las manos sobre él y levantaran una oración a Dios por su vida. Todos creamos una cadena alrededor de él y de repente me percato que yo quedo frente a frente de él y quien debía levantar un clamor debería ser yo. Si orar en mi mente era difícil, más lo era hacerlo en voz alta. No sabía que decir o cómo comenzar, y de momento, escuché la dulce voz de mi amado. Era la voz de Dios. No era como muchos me la describían. Parecía el susurro de un viento suave que acaricia el rostro. Su voz me alentaba, pero estremecía a la vez. La voz de Dios me daba un mensaje para Daniel.

No sabía qué hacer, ya que, al escuchar la voz, mi corazón saltó. Sentía que las palpitaciones fuertes me darían taquicardia o algo semejante. Creía que mi corazón desgarraría mi pecho. *"¿Qué hago con lo que escucho? ¿Cómo se supone que yo le diga que Dios me está hablando y que me ha dado un mensaje para él?"* me preguntaba. Entonces llegó la famosa batalla de la que me habían contado, la mental, *"¿Y si no es Dios? ¿Qué tal si sólo soy yo y creo que es Dios el que me está hablando?"* Mientras aquella lucha se libraba en mi mente, me decidí en obedecer y me acerqué al oído de Daniel y le di el mensaje. Al terminar de darle las palabras que Dios me daba, él cayó al suelo tocado por la presencia de Dios, y a pesar de que luego Daniel me diera las gracias por compartirle el mensaje de parte de Dios, yo salí con mi duda. El enemigo bombardeaba mi mente con aquellos pensamientos: "*¿Estás seguro de que fue Dios? Te apresuraste y hablaste fuera de tiempo.*" Fueron tantos dardos en mi mente, que sólo le pedía a Dios que me diera paz.

Luego de aquella experiencia pasaron algunos tres años y volví a encontrarme con Daniel. Nos encontrábamos en un funeral y en medio de nuestra conversación él me miró y preguntó: "*¿Michael, recuerdas las palabras que me diste aquella noche en la que vigilábamos en el templo?*" Mi corazón saltó y sentí entrar en pánico. Sin dejar que yo le contestara si recordaba o no, interrumpió y dijo: "*Todo lo que me dijiste se cumplió. Exactamente como me lo hablaste.*" Las palpitaciones de mi corazón volvieron a la normalidad y respiré profundo con alivio.

"*Mis ovejas oyen mi voz, y yo las conozco, y me siguen*" (RV60 Juan 10:27). Mientras más relación tienes con Dios, más le conoces. Puedes reconocer Su voz entre cientos. El ministro debe tener la capacidad de reconocer la voz de su Amado a cada momento, y aun más, cuando es el momento de exponer y disertar el "*Así dice el Señor*". Eres responsable de cada palabra que anuncias y declaras. Por lo que no puedes correr el riesgo de declarar una palabra que despertó en tu humanidad, pero que no emanó del corazón del Padre.

Hoy día tiemblo cuando escucho a MUCHOS hablar de "*parte de Dios*", porque cuando miras sus vidas, no son tan claros como deben ser. Hay manchas que ponen en tela de juicio lo que sus bocas declaran. Sus vidas contradicen lo que sus labios anuncian. "*¿Acaso alguna fuente echa por una misma abertura agua dulce y amarga?*" (RV60 Santiago 3:11). Somos o no somos.

Cuando tu vida y corazón reflejan que todo lo que tú eres va de acuerdo con Quien es Dios, tus labios anunciarán palabras que no caerán al suelo, pues serán respaldadas y confirmadas por Él.

CAPÍTULO DIECIOCHO
No Hay Excusas

"La gente no busca razones para hacer lo que quiere hacer, busca excusas"

-William Somerset-

Había sido una de esas semanas cargadas de ministraciones. Prediqué algunas cinco veces en esos pocos días. Ya mi cuerpo se sentía muy agotado y cansado, pero mi espíritu aún con el deseo de continuar transmitiendo en la tierra lo que abunda en el cielo. A veces abusaba de mí mismo y me esforzaba demasiado para cumplir con la mayor cantidad de predicaciones posibles. Me encontraba como Gedeón y sus hombres *"...cansados, más aún persiguiendo."* (RV60 Jueces 8:4b). Con las pocas fuerzas que me quedaban llegué al último compromiso del fin de semana.

Nunca había predicado en aquella iglesia anteriormente. Los hermanos me recibieron a mí y a uno de los jóvenes que me acompañaba muy amablemente. Como acostumbrado me arrodillé en el asiento de más atrás para poder orar tranquilamente. Me costaba mantenerme de rodillas ya que las tenía muy adoloridas. Doblarlas o mantenerlas estrechadas por largos periodos de tiempo me causaban dolores insoportables. Terminé mi oración y me senté a disfrutar de los buenos cánticos entonados por aquel joven, que indudablemente cargaban buen talento y que obviamente había nacido para ello. Sus alabanzas transportaban a la congregación al tercer cielo y de vuelta a la tierra. La atmósfera se había transformado en una de gloria. Dios estaba en aquel lugar, lo que haría que el mensaje fluyese de manera efectiva y sencilla.

Al entregarme la participación subí al altar casi arrastrando mis pies y respirando profundo, pues también mis pulmones estaban sintiendo los efectos de una semana cargada de predicaciones. No me considero un predicador "*gritón*", pero sí "*explosivo*" de momento. En mi forma de predicar me gusta enseñar, pero no puedo resistirme en "*agitarme*" y dar varios gritos en el espíritu, por lo cual ya me sentía algo fatigado. Recuerdo predicar acerca de la identidad, y cómo a los jóvenes hebreos, Misael, Azarías y Ananías, se les habían cambiado los nombres al ser llevados cautivos a Babilonia. Aun cuando sus nombres son cambiados, su identidad queda intacta. Sus nombres no definen quienes son, sino lo que dentro de su corazón abunda, lo cual siempre fue fidelidad a Dios y la palabra con la cual fueron instruidos. Fue uno de los mensajes que confrontan y llevan a entender la realidad de que no somos como los del mundo, sino que en Cristo tenemos nuestra identidad de hijos y que nuestra ciudadanía es del cielo.

Cuando terminé mi exposición, con las fuerzas que me quedaban deseaba orar. Yo sabía y sentía una gran necesidad en el pueblo. La gente deseaba ser ministrada,

¿cómo decirles que no? Abrí el llamado al altar, primeramente, para los que deseaban recibir y aceptar a Jesucristo como Señor y Salvador y luego para aquellos que la necesitaban por fortaleza. Pasaron algunas personas para hacer la confesión de fe y rápidamente oramos por ellos. Lo siguiente me estremeció y asustó. Sentí que mis pulmones se apretaron y no encontraba el aire. No podía respirar y me sentía asfixiado.

Mientras se me escapaba el aire como el agua entre los dedos, le hice señas al pastor y al líder de jóvenes y como pude les pedí oraran por mí. Ellos se acercaron y al imponer manos sobre mi clamaron a Dios. No recuerdo que oraron o que le pidieron a Dios en voz alta, solo sé que dentro de mi estaba aquella batalla por tratar de respirar y no rendirme. Terminaron su oración y sinceramente me sentía igual. Acabaron el servicio y tan pronto pude me fui. Conducía de camino a mi casa asustado, nervioso y con tantos pensamientos en mi mente. No sabía qué hacer o decir.

Al llegar a casa tomé aquella vieja máquina de terapia para el asma, vacié dentro del "*tubito*" aquel cartucho de albuterol y comencé a tratarme. Yo pensaba que el problema era sólo porque tenía fatiga o asma y que con la terapia todo acabaría, pero me di cuenta de que no. Seguía igual, sin poder casi respirar. Nunca fui muy amante a los hospitales, por lo cual visitar el médico no fue una opción para mí. Creo que soy un poco cobarde y "*cabeciduro*" en eso, así que no fui. Sinceramente soy cobarde para ello.

Estuve cuatro días en casa luchando con mis pulmones. Cuatro noches largas sin poder descansar. El último día comencé a hablar con Dios. Ya estaba molesto. Molesto por la situación, y por lo que yo creía que era una injusticia de parte de Dios. Comencé entonces mi queja ante Dios.

Le decía: "*Desde mis quince años te sirvo y desde mis diecisiete años te predico. Me he gastado para ti. Te he entregado todo, mi salud, años, estudios, deseos, sueños y tiempo. He predicado y hablado todo lo que me has dicho, aun cuando ha sido fuerte. He ido donde me has enviado y he hecho todo lo que me has pedido. Veo que sanas a otros y a mí todavía no me sanas*". Si había algo que se me hacía difícil entender, era cómo Dios sanaba a otras personas a través de mí, pero a mí no me sanaba aún. Me parecía difícil comprender la manera en que Dios trabaja.

Yo esperaba escuchar a Dios decirme que me sanaría o tocaría mi cuerpo y lo restauraría, pero no. Creía que me diría: "*Toma tu lecho y anda*". No me dijo nada parecido, y mucho menos lo que yo quería escuchar. Aquella tarde me habló y estremeció. Me dijo: "*No te voy a sanar todavía.*" Le pregunté el por qué y me respondió: "*Tengo mucha gente sana y bien en las iglesias, pero no quieren hacer nada para mí. No quieren trabajar y por eso te levanto a ti, porque puedes menos que ellos, y eso les sirve de lección.*" Sus palabras fueron como una fuente de agua fresca que me sació. Mi molestia desapareció. El enojo ya no estaba, sino que lo único que quedó fue un sentido de arrepentimiento y humildad.

Sin excusas ante Dios. Sin pretextos, reservas ni condiciones como decía el cantautor.

Siempre se nos ha dicho que "*las excusas solo satisfacen al que las da*". Sin importar lo que una y otra vez le presentamos a Dios como excusa o pretexto, Él no lo ve como impedimento para trabajar o funcionar. Él conoce cuáles son tus batallas, luchas, debilidades, pruebas presentes y futuras y aun así decidió escogerte y llamarte. Que nada se presente delante de ti como pretexto para no trabajar para Dios.

Como hablé en capítulos anteriores, Eliseo comprendió la responsabilidad de su llamado por Dios, por lo cual al ser ungido decidió sacrificar sus bueyes y con el arado crear un holocausto para no tener excusas ante Dios para volver atrás. Note el detalle amado, Eliseo vive labrando la tierra. Este es su trabajo. Él vive de esto. Si él no sacrificaba los bueyes y el ministerio no le iba bien, podía regresar a su tierra y volver a hacer lo que hacía antes de ser enviado. Cortó con su "*Plan B*" y con sus excusas para vivir para Dios y servirle.

Mientras tu "*Plan B*" siga con vida, te mantendrás y quedarás en el mismo lugar. No te digo que dejes tu trabajos y estudios para correr al ministerio. Si Dios te lo pide, eso es algo personal entre tú y Él, pero no le tengas la excusa de que "*tengo esto o aquello*".

Siempre me encuentro con cantidades de personas que reconocen su llamado, entienden lo que Dios quiere hacer con ellos, pero hay "*algo*" que les detiene. "*Cuando deje de criar a mis hijos*" dicen unos. "*Tan pronto me *gradúe y termines mis estudios me dedico a Dios"* declaran otros. El detalle está en que Dios no se va a detener a esperar por ti. Si tú no quieres, te aseguro que alguien más si lo quiere.

Sirve y entrégate por completo a Dios. Dale lo mejor, no esperes que te dejen atrás y tomen a otro en vez de a ti.

CAPÍTULO DIECINUEVE
Sin Límites

"El único límite a nuestros logros de mañana está en nuestras dudas de hoy"

-Franklin D. Roosvelt-

Acababa de cumplir mis quince años de edad cuando le entregué mi vida al Señor. Había sido la mejor decisión que había tomado, pero había cosas que me impedían sentir el *"gozo"* del que todos hablaban. Me encontraba luchando con la salud y las emociones.

Nací respirando con un pulmón, por lo cual sufrí de asma crónica por casi dos décadas. Durante muchos años escuché a la ciencia médica decir que necesitaría depender de tanques de oxígeno toda mi vida o que quizás no duraría muchos años. También sufro de una enfermedad en los huesos de mis rodillas llamada *"Genu Valgum"*, o mejor conocido como *"Knock Knees"* (en inglés). Esta condición provoca que los huesos de mis piernas se tuerzan, choquen entre sí y me impidan caminar correctamente o con facilidad. A causa de esta condición los médicos decían que debería estar encamado o en silla de rueda para siempre. Usé unos ganchos o *"braces"* (en inglés) en las piernas por doce años. A veces los tornillos se zafaban y se me espetaban en las piernas dejándome heridas y cicatrices.

A causa de la enfermedad en mis rodillas crecí con una muy baja auto estima. No sentía valor alguno en mi vida, ya que de parte de la sociedad vivía burlas y menosprecio. No me sentía querido, sino que creía que los demás solo me sentían "*pena o lástima*". Por muchos años me sentía inferior a los demás, (no que ahora me sienta mejor que ellos, sino pensar de mi con cordura), por lo que me desvaloraba y descalificaba para todo. Encontrar a Cristo, o ser encontrado por Él era lo único o último que me quedaba como para saber que mi vida tenía sentido.

Desde mis once años comencé a considerar el suicidio como una opción. Recuerdo por mucho tiempo sentarme en el patio de mi casa y escuchar voces hablarme y decirme que me quitara la vida porque no valía la pena continuar viviendo. Siempre fui muy reservado con mis cosas, por lo que nunca me había sentado a hablar con alguien y expresarle lo que dentro de mi mente se libraba. Había una guerra dentro de mí que prometía matarme si algo no sucedía a mi favor. Yo me miraba en el espejo y lo único que sentía era asco y vergüenza.

(Me parece curioso como al bañarte con agua caliente y sales de la bañera para mirarte en el espejo, siempre encuentras de que el vapor lo empañó y no se puede distinguir una cosa de la otra. Hay tanta humedad que no hay manera de reflejar con claridad lo que hay de frente. La única forma en que te puedes ver es limpiando el espejo con la mano o la toalla. Es interesante saber que nuestro enemigo siempre se encarga de que no veamos el reflejo de quién verdaderamente somos. Cristo tiene el poder de limpiar nuestro "*espejo*" para que veamos Su reflejo en nosotros).

Al mes de haberme convertido, recuerdo ir con un grupo de jóvenes al templo a orar de madrugada. No sabía mucho de oración o vigilias, pero tenía el fuerte deseo de conocer más a Dios. Cerca de las tres de la madrugada, arrodillado frente al elevado suelo del altar comencé a llorar y a reclamarle a Dios del porqué de las enfermedades que me afectaban e impedían vivir una vida "*normal*" como los demás. Con lágrimas mojando mi rostro le dije al Señor: "*Tú no me amas. He escuchado a mi abuelo hablar de Ti y de los milagros que haces, y mírame como yo estoy. ¿Cómo es que si amándome, me permites vivir así? Si verdaderamente me amaras yo no habría nacido de esta manera. Si me hubieras amado mi papá no me habría abandonado a mis nueve años de edad. ¿Qué Tú me amas?*" Yo no sabía lo que era disfrutar de los deportes como todo niño o adolescente. No sabía lo que era correr en carreras y ganar premios, pues mis condiciones me lo impedían todo. Cada una de esas cosas se había convertido en una carga pesada sobre mí, que lo único que hacía era hundirme y ahogarme.

Los minutos se convirtieron en horas y yo permanecía arrodillado en el altar llorando y cuestionándole a Dios de todo lo que me había tocado vivir hasta ese momento. Toda mi vida parecía presentarse delante de mí, como si fuera una película. De momento vi una mano blanca que me señaló y escuché aquella voz, que tengo por seguro que nunca se me olvidará, que me dijo: "*Michael Yo nunca te he dejado ni me olvidé de ti. He permitido las enfermedades en tu cuerpo para llevar sanidad, liberación y salvación a muchos*". Al instante sentí como las cargas comenzaron a desaparecer. Me sentía nuevo, libre y restaurado. Mi cuerpo no había sido sanado, pero sí mi corazón.

Actualmente estoy dedicado al ministerio viajando fuera de Puerto Rico a diferentes países contando mi testimonio y compartiendo el mensaje de la cruz. Aunque mi cuerpo aún no ha sido sanado, mi mayor satisfacción está en saber que otros pueden ser sanados por medio de "*mi*" enfermedad. Que mi desierto se ha convertido en una fuente de agua para otros, que al igual que yo en mi juventud le han preguntado lo mismo a Dios por diferentes enfermedades y circunstancias que viven.

"Los límites no los crea un físico, sino una mentalidad cerrada"

Este ha sido mi lema de años y lo que a diario me desafía. Lo que he vivido en más de veintisiete años se ha convertido en la "*excusa*" de Dios para bendecirme y despertar en mí el deseo de conocerle. Aunque los dolores siguen "*presentes*" en mi cuerpo, vivo "Sediento por encontrar al Dios que sacia y refresca la sed de uno que no se conforma ni se limita".

No permitas que lo que hoy estás viviendo no te detenga ni limite, sino más bien, que te desafíe a superarte y llegar a tu destino profético en Dios. Puedes permitir que se convierta en excusa de retroceso o en combustible de aceleramiento. Tú decides. El escrito a los Hebreos declaró: *"Pero nosotros no somos de los que retroceden para perdición, sino de los que tienen fe para preservación del alma."* (RV60 Hebreos 10:39). Cuando Dios te formó, no depositó en ti códigos de retroceso ni abandono, sino de crecimiento y avance.

Los candidatos que Dios selecciona no siempre son *"perfectos"* ante la vista humana, pero sí en la divina. Me parece curioso como Él elige a los que menos probabilidades tenían de llegar a ser algo y los posiciona en alturas. Unos son **tartamudos** como Moisés. Algunos son **cobardes** como Gedeón y otros **inseguros** como Jeremías. Unos, como Aod son **zurdos**, que para su tiempo no tenían valor alguno. Otros son **ancianos** como Abraham. **Perfectos imperfectos de Dios**.

Debes entender que eres el candidato perfecto de Dios exactamente como eres. Con tus debilidades, pero elegido. Con enfermedades, pero elegido. Con un mal historial, pero elegido. ¿Tu crees que Dios no sabía de tus inseguridades, debilidades y tropiezos cuando te llamó? Seguro que lo sabía y eso fue lo que le impulsó a escogerte, porque dentro de tus imperfecciones, Su perfección se manifestaría.

CAPÍTULO VEINTE
El Tiempo Perfecto

"Todo llega para el que sabe esperar"

-Henry Wadsworth Longfellow-

Si hay algo que desespera, irónicamente es la espera. El saber que hay o viene algo, pero no sabes cómo, cuándo ni de dónde, y en ocasiones, así son las promesas de Dios. Él nos da la palabra de que haremos, veremos o seremos, pero nunca nos da los detalles del *"tiempo"*. Su - **Kairós**- (tiempo divino) pasa por encima de nuestro - **Cronos**- (tiempo cronológico y natural) y altera lo que establecimos o planificamos. Entonces cuando nuestro tiempo tropieza con el de Dios y no lo logramos comprender, despierta la ansiedad y la desesperación, que de momento nos puede hacer claudicar en dos pensamientos, y nos preguntamos si será o no.

Dios me había hablado de nuevas puertas y oportunidades ministeriales. Era su promesa de llevarme y establecerme sobre ciertos lugares y escenarios, el detalle estaba en que no me había dicho cuándo. Su palabra hacia mi vida era de urgencia y de prisa, pero el *"ahora"* de Dios podía ser mi *"mañana"*. Su *"pronto"* puede ser cinco o diez años. Es por eso por lo que la intimidad con Él es importante, porque en la "*frecuencia*" del Espíritu todo tiene sentido.

Llevaba ya un año viviendo en Puerto Rico y no había salido a predicar a ninguna parte. Las personas no me conocían, por lo tanto, no me invitaban. ¿Quién se arriesgaría a invitar a un desconocido? Era mi pregunta e interrogatorio. Ésta era una de las razones por las cuales durante años le pelee a Dios cuando me dijo que debía salir a vivir a la Isla. Ministerialmente estaba cómodo. Predicaba en la radio y en otros estados de la Nación Americana y salir, para mí era sinónimo de comenzar de nuevo.

Después de largos meses de espera y en el silencio de Dios, recibí la invitación a la televisión. En Puerto Rico, el ministerio del evangelista Yiye Ávila tiene una de las señales digitales más poderosas. Su estación y canal televisivo La Cadena del Milagro, (CDM Internacional). Nunca había estado frente a cámaras en vivo. No sabía qué hacer o cómo reaccionar cuando se encendieran las luces y todo comenzara. Fui entrevistado por tres diferentes ocasiones. Mi testimonio era el motivo de invitación ya que era el deseo de nosotros poder llegar y dirigirnos específicamente a la audiencia con limitaciones físicas y enfermedades, pero también a los que no padecen de algo, pero viven con excusas. Eran miles de personas que estarían del otro lado de las cámaras esperando escuchar y recibir una palabra que les bendijera de manera especial.

La primera vez que estuve en la televisión recibí sobre cien invitaciones a diferentes lugares. La agenda que estuvo cerrada y paralizada por un año, ahora explotaba de compromisos. Mi teléfono no dejaba de sonar con llamadas y mensajes de textos de diferentes partes de Puerto Rico y del mundo. Algunos mensajes eran para invitaciones y otros de felicitaciones. Muchas personas fueron impactadas y desafiadas, ya que reconocían que no tenían algún tipo de condición que les limitara, pero vivían con pretextos delante del Señor.

Entiendo que cuando el tiempo nuestro se alinea al de Dios, lo que estuvo en reserva y espera por años, se desata y derrama como una cascada de bendiciones. Hay muchos que aún no han podido recibir ciertas bendiciones en sus vidas porque todavía el tiempo no ha llegado. Cuando sea el momento divino, todo fluirá sin detenerse. A veces nos desesperamos porque esperamos a que las cosas sucedan en nuestro tiempo y de nuestra manera, pero no es así. Yo creo que una puerta abierta en un tiempo incorrecto es un fracaso seguro.

Hoy día nuestra sociedad se mueve de prisa. Todo es al instante. Todo lo queremos y necesitamos rápido. Café instantáneo. Jugo en polvo. Comida de microondas. Comida rápida en el servi-carro de un "*restaurante*". Como no quiero esperar treinta minutos por una comida rica y saludable, me conformo con tres minutos de espera y una comida chatarra. Nos hemos mal acostumbrado a lo rápido y Dios no trabaja así. Para Él "*un día son como mil años, y mil años como uno*" (RV60 2 Pedro 3:8). Entonces queremos amoldar a un Dios soberano a unas malas costumbres y moldes humanos.

Cuando Dios te hace esperar, es porque te dará un buen producto. Lo bueno se espera con paciencia. Él no te defraudará, aunque su tiempo de espera sean dos, cinco o veinte años, porque cuando determine Su tiempo sobre ti, será como un retroactivo de bendiciones. Lo de años de silencio, lo recibirás en meses y semanas de multiplicación y abundancia. El Predicador declaró que *"todo tiene su tiempo y su hora"* (RV60 Eclesiastés 3:1). Dios no se olvidó, sólo que en Él TODAS las cosas son buenas y perfectas.

Cuando el tiempo de Dios se manifiesta, Él hace que aquello que tardaría años en llegar, llegue en meses y semanas. Su tiempo trae aceleración. Elías luego de anunciar la lluvia, *"ciñó sus lomos y corrió delante de Acab..."* (RV60 1 Reyes 18:46). El rey anda en su carruaje. Los caballos son el vehículo de transportación. ¿Cómo es que el profeta puede correr más rápido que los caballos del rey? Dios hace acelerar los pasos cuando apresura Su manifestación.

Yo declaro sobre tu vida, que aquello que estaba en reserva y espera, se desata y manifiesta sobre ti. Que el tiempo de Dios interviene en el tuyo y recibirás el producto que por tiempo esperaste. Hay cosas que se suponen que llegaran a tu vida en años, pero Dios hace apresurar el tiempo a tu favor y cuando menos esperas se presenta lo que estuvo aguantado.

CAPÍTULO VEINTIUNO
Todo Es Por Él

"Ciertamente, yo soy la vid; ustedes son las ramas. Los que permanecen en mí y yo en ellos producirán mucho fruto porque, separados de mí, no pueden hacer nada"

-Juan 15:5 NTV-

Nunca me había sentido tan cargado como ese día. La semana fue muy larga y agotadora. Me encontraba junto al pastor y algunos hermanos de la congregación derrumbando el altar *"viejo"* de nuestro templo, para reconstruirlo, dándole un toque moderno. Entre algunas diez personas rompimos el suelo del altar, levantamos el nuevo y tumbamos la pared que separaba el templo del espacio nuevo. Todo en cinco días. Días de trabajo forzoso y fuerte que dio muy buenos resultados.

Qué satisfacción la de poder trabajar para Dios y en la reconstrucción del templo. Saqué fuerzas de donde no tenía para el servicio en la casa de Dios. Me sentía como aquella generación joven que luego del cautiverio volvió a edificar casa. Se sentía en los aires una atmósfera de paz que prometía nuevos tiempos y nuevas temporadas de gloria.

Al llegar el viernes, a las cinco de la tarde recordé que me tocaba predicar esa noche. Entre tanto trabajo se me había olvidado el compromiso. Los días y las horas habían pasado volando. No las sentí, no me percaté. Estaba tarde. Apurado salí del templo, llegué a casa, me preparé y me fui lo más pronto posible. No tenía bosquejo ni mensaje preparado. No había sacado el espacio para separarme y buscar dirección de Dios. La verdad es que no tenía excusa alguna, pero allí estaba, casi hecho un desastre y sin saber qué hacer o hablar.

Mientras conducía de camino al servicio trataba de organizar mis pensamientos y tratar de meditar en alguna palabra que pudiera compartir a la congregación que de seguro esperaba escuchar a Dios hablar. Me sentía frustrado porque yo mismo me exijo a leer y prepararme para los compromisos, más este día no lo había hecho. Entre la lucha de acomodarme la corbata, conducir el carro y tratar de pensar qué debía predicar comencé a hablar con Dios. Recuerdo que mis palabras fueron precisas y sinceras. "*Señor*", dije con vergüenza y con una voz temblorosa. "*Sé que no tengo una excusa válida. Pude haber sacado el tiempo para estar contigo o haberme ido del templo temprano, y no lo hice. No recordaba el compromiso de hoy y perdóname. Pido perdón por ser irresponsable, pero esta es mi situación.*" Continué: "*No tengo nada para darles. Me siento vacío y sin palabras, pero tu pueblo no tiene la culpa de ello. Si tengo algo reservado en el cielo por favor manifiéstalo hoy.*"

De momento pensé que estaba haciendo la oración más ridícula, e incluso pedí perdón a Dios si mi oración era incorrecta. Al llegar aquella noche al servicio, sentía mis nervios de punta. Mis manos temblaban y mi voz se entrecortaba, y le dije a Dios: "*Me deposito en tus manos*". Hoy en día no recuerdo en qué congregación estuve ni qué prediqué, solo sé que esa noche no se me olvidará. La presencia de Dios fue tan fuerte y tangible, que la imposición de manos no era necesaria, las personas caían solas al suelo, milagros fueron hechos y la palabra fue certera.

Al llegar a mi casa aquella noche hablé con El Señor y le pregunté por qué se movió si yo no me había preparado. Su respuesta fue sencilla pero poderosa, "*Todo es por Mí*". Nunca se ha tratado de lo mucho que sepamos o podamos hacer con nuestras fuerzas o habilidades, sino de lo que Él hizo, hace y hará. Todo es por Él. Sin Él nada somos y nada podemos hacer.

Nuestra dependencia de Dios comienza justo donde nuestras habilidades terminan. Dios no hará lo que tú puedes hacer, y nunca te pedirá que hagas lo que solo Él puede hacer. Aunque cargamos y manifestamos dones, ellos deben ser utilizados a través del Espíritu Santo. Cada vez que predicamos, cantamos y servimos debemos tener en mente que no dependemos de nosotros mismos, sino de Dios y si ponemos lo que tenemos en Sus manos podemos ser efectivos.

En los años que llevo ministrando he visto gente salir y levantarse de la nada, pero caer de golpe rendidos porque nunca dependieron de Dios sino del fundamento de otros, de sus propias habilidades y su conocimiento humano. Mi pastor dice que *"En el ministerio no se cae de paracaídas"*. Aquí se comienza desde abajo. Se comienza desde la presencia y siempre con la presencia. Hay tanto que podemos hacer sin Dios, pero tan inefectivos que podemos ser. No olvides de Quién vienen los dones y talentos, y de dónde fluye el poder para utilizarlos efectivamente.

Comenzando el capítulo 35 de Génesis Dios le hace un llamado a Jacob: *"Levántate y sube a Betel"* (v.1). Para este tiempo ya Jacob tiene hijos con Raquel y Lea. Ha sido bendecido y prosperado por Dios en absolutamente todas las cosas, pero el llamado de Dios es a que *"vuelva"* a Betel. ¿Por qué es tan importante este lugar? Este fue el lugar donde Jacob tuvo su primer encuentro con Dios en Génesis 28. Anterior a ese momento, Jacob nunca había tenido un encuentro con Dios, y el llamado de Dios es a volver al lugar donde todo comenzó. *"Has sido bendecido y prosperado, pero VUELVE"*.

"Volver" no es sinónimo de retroceso, sino de recordatorio. Recuerda dónde comenzaste y nunca pierdas tus raíces. En el momento en que olvidas que tus raíces están sujetadas al Señor, comenzará tu declive y caída. Dependes de Él para crecer y avanzar.

CAPÍTULO VEINTIDOS
Solo Un Poco De Fe

"La fe debe sofocar toda razón, sentido común y entendimiento"

-Martín Lutero-

Era otro viernes normal en el que un amigo me había invitado a un servicio especial para ver a un evangelista predicar. Mientras me vestía con aquel viejo gabán de color crema claro, sonó mi teléfono. Al contestar me dicen del otro lado de la llamada que el predicador les había cancelado por situaciones personales. Faltaba cerca de una hora para que aquel servicio diera inicio y no había predicador. Iglesias fueron invitadas y el templo se estaba llenando poco a poco.

Al terminar de vestirme, mi amigo me buscó en su carro y nos conducimos hacia el servicio. Cuando entramos al templo nos recibe la pastora y mi amigo le dice: *"Este es Michael, el joven del que le hablé"*. Yo me quedé congelado sin saber qué hacer o decir, pues no entendía por qué me presentó de tal forma. Se dio media vuelta y al percatarme que él se dirige a su auto le pregunté qué hacía, o hacia donde iba y me dijo: *"Voy a buscar a mi esposa.*

Tranquilo, no te pongas nervioso". "¿Cómo que nervioso?" le pregunté confundido. *"Es que quien va a predicar eres tú"*, me dijo con una carcajada. *"¿Cómo que predicar, si no vine preparado para eso?"* le dije asustado. En lo cual reposó su mano en mi hombro y me animó: *"Tranquilo, lo harás bien".*

Me arrodillé en la silla de más atrás que encontré y de rodillas le decía a Dios: *"¿Por qué me haces esto? No entiendo por qué no me avisaste antes para, aunque prepararme con algo".* En medio de aquella pelea tonta e ignorante Dios me llevó al libro de Jeremías donde me dio una palabra por la cual predicar esa noche. Tomé nota de lo que el Espíritu Santo me daba y en menos de cinco minutos había preparado un pequeño bosquejo por el cual guiarme mientras exponía el mensaje. Nunca había preparado un mensaje en tan poco tiempo, pero sentía una gran convicción de lo que Dios me hablaba y de lo que estaba por ocurrir aquella noche.

Cuando me presentaron como el predicador toda la congregación fijó sus ojos sobre mí y me sentía estremecer por dentro por miedo y nerviosismo, pero de momento sentí la presencia de Dios sobre mí y comencé a exponer palabra por palabra de lo que Dios me decía. Mientras predicaba vi que mucha gente comenzó a llorar y esto activaba mi fe y confianza de que Dios estaba ministrando a sus vidas. De repente Dios me dio una palabra para una señora que se había sentado a mi lado derecho. La palabra la quebrantaba y a la vez le sustentaba. Aprovechando el ambiente de gloria que se movía abrí el llamado al altar y lo siguiente me marcó.

Lentamente se acercaba una anciana trigueña de algunos setenta años apoyándose sobre un bastón. Se veía cansada y agotada por una vida difícil, pero a la vez emanaba de su rostro amor y bondad. Muy amable me pidió que orara por su salud, específicamente sus piernas. Al escucharla mi fe despertó y le pedí hacer conmigo lo que parecía una locura. Le pregunté: "*¿Crees que Dios te puede sanar?*" A lo que ella me respondió con una voz firme: "*¡Si!*" En seguida volví a preguntarle: "*¿Crees que Dios ya te sanó?*" Y ahora vuelve y me responde con la misma firmeza: "*¡Si, lo creo!*" Entonces le dije con autoridad: "*Pues dame tu bastón que ya el milagro está hecho*". En seguida abrió sus ojos grandes y me preguntó con una voz que pareció quebrarse de momento por la incredulidad: "*¿Cómo me dices? ¿Qué te de mi bastón?*". "*Sí. Así como me escuchó*" le contesté. "*Si ya usted confesó y creyó estar sana, pues ¿qué necesidad tiene de un bastón? Hagamos un ejercicio de fe*" le dije con amor y paciencia. "*Jesús siempre mandaba a los enfermos a hacer lo que les era imposible. Al paralítico le pedía que caminara, al leproso que se presentara a los sacerdotes y así sucesivamente*" continué. "*Lo único que hace falta es un poco de fe y ejercitarla. Sólo un poco.*"

Lo siguiente me impactó y marcó, vi a la hermana inclinarse hacia adelante y atrás, brincar y estirar sus piernas como si fuera una joven de quince años. Ella misma estaba tan impactada por lo acontecido que comenzó a glorificar al Señor con júbilo y alegría. Lo único que yo podía hacer era reír de gozo asombrado por lo que mis ojos acababan de presenciar.

Aprendí esa noche que no hacía falta un predicador internacional, una multitud de personas congregadas en el templo, sino "un poco de fe". Lo suficiente para creer que para Dios "*todas las cosas son posibles*". Jesús enseñaba y exhortaba a sus seguidores "*si tenéis fe como un grano de mostaza... nada os será imposible*" (RV60 Mateo 17:20). Encuentras al Maestro activando la fe de los enfermos enviándoles a hacer lo que no podían. Al paralítico le decía "*levántate y anda*". A los leprosos les decía que se presentaran a los sacerdotes. A otros simplemente les decían que fueran, pues ya el milagro estaba hecho.

"Un poco" para el Señor es "suficiente"

Para hacer cosas poderosas e inimaginables solo tienes que creer. Un poco de fe es bastante como para hacer resucitar los muertos, devolver la vista a los ciegos, la voz al mudo, la audición a un sordo y hasta huesos nuevos a una anciana trigueña de cerca de setenta años; es lo que la Biblia dice y yo lo creo.

Hacen unos años escuché a un pastor africano hablar acerca de la fe y de los milagros en una cruzada. Él decía que los milagros son "*fáciles*", solo debes ejercitar la fe y ponerla en acción. Precisamente eso era lo que hacía Jesús. Le decía al paralítico "*levántate y anda*". Su decisión y acción de levantarse, activaba la fe y desataba el milagro.

Actualmente en el ministerio, Dios ha estado manifestando muchos milagros. Sin mucho espectáculo, al comenzar a orar, llamar las enfermedades por sus nombres y activar al pueblo en fe, los milagros se han desatado. Orando en una ocasión llamé el nombre de una enfermedad

y a la parte de atrás del templo una mujer comenzó a gritar.
Decía que, actuando en fe, recibió la palabra de sanidad y
comenzó a sentir la cortaron y le arrancaron algo. Nos
confesaba como llevaba sobre doce años con aquella
enfermedad, pero en aquel momento Jesús la sanó.

Activa tu fe. Abre tus ojos para que veas las
maravillas que Dios todavía hace en medio de los suyos.
Atrévete a creer por lo que pocos ven.

CAPÍTULO VEINTITRES
¿Zapatos Grandes?

"Si puedes hacerlo, entonces ¿por qué hacerlo?"

-Gertrude Stein-

Parecía ser divertido cuando niño entrar al armario de mi padre, tomar sus zapatos grandes de trabajo, ponérmelos e intentar correr y caminar con ellos en la casa. Caminaba tan torpemente que mis pies tropezaban el uno con el otro. No se hacía fácil pues mis pequeños pies parecían *"bailar"* dentro de aquellos enormes *"caparazones"*. Mantenerme de pie era un desafío ya que no tenía estabilidad con ellos y a pesar de que no me servían y me quedaban muy grandes, caminar con ellos era un *"gusto"*...

Disfruto de la bendición de haber nacido en una familia sacerdotal y ministerial. Tanto mis abuelos por parte de padre y madre han trabajado largos años en el ministerio pastoral. Le han entregado a Dios sus días para servirle en la obra. Han pastoreado diferentes congregaciones y marcado a tantas vidas con el mensaje de la cruz. Los he visto llorar y reír junto a aquellos que decidieron caminar con ellos y con los que desearon traicionar ferozmente. Sus trayectorias en la pastoral han sido de gran enseñanza y bendición a mi vida, pero también han sido un tremendo desafío.

Mi abuelo por parte de madre, Wilfredo de Jesús fue pastor por cincuenta años, y aunque actualmente se encuentra jubilado, no se detiene de trabajar para Dios. Nieto e hijo de pastores, desde sus veinticinco años sintió un fuerte llamado al pastorado y al evangelismo. Nacido y criado en el evangelio, vivió años de gloriosas experiencias en el Señor. Su abuela, la hermana Primitiva fue la primera pastora del barrio Rio Jueyes de Coamo, donde trabajó diez años en la obra. Se convirtió al Señor en el avivamiento del 1922 que llegó al pueblo de Coamo, y convencida que Dios la llamaba, dedicó el resto de sus años obrando. Su ministerio fue conocido por la manifestación de dones y represión de demonios.

Cuando sus días acababan, su hijo, Juan de Jesús, (mi bisabuelo), continuó su legado, marcando su propio camino mientras buscaba el poder de Dios para ver lo sobrenatural ocurrir. Siempre animaba y exhortaba a la congregación a buscar el rostro de Dios en ayuno y oración, de lo cual, él mismo oraba seis horas diarias de rodillas deseando alcanzar la aprobación y dirección de Dios para todo. En sus experiencias personales, cuentan que un servicio de oración en el templo se da cuenta que el hermano Salomé llevaba 4 días sin llegar a la casa de Dios, por lo cual Juan le dijo a la congregación que entraran en profunda oración e intercesión para que Dios se le revelara a salome y lo hiciera llegar al servicio. Oraron con fervor hasta un poco más de las doce de la media noche, cuando de repente, de en medio de la oscuridad, se veía una lámpara alumbrando desde lejos y alguien cargándola, era Salomé que venía llorando diciendo que en su casa escuchó la voz audible de Dios decirle que se levantara y volviera a congregarse. Entre los hermanos del barrio se decía que, en ocasiones, era tan fuerte la presencia de Dios en los servicios que se veía al Pastor Juan dar pasos en el aire.

El Pastor Juan enfermó y al no poder continuar en la obra, pidió a mi abuelo Wilfredo, a que continuara trabajando para el Señor junto a la congregación y que la supervisara con amor y diligencia. En el año 1965 fue instalado como pastor en la iglesia que su abuela fundó. Al comenzar el pastorado se sentía muy intimidado por el ministerio de su padre, ya que conocía de su vida de oración personal y del precio que constantemente pagaba. Reconocía los milagros sobrenaturales que se vivían en el pueblo de Coamo, muertos resucitar, mudos hablar ciegos ver y otras manifestaciones de sanidad. Pasó de ser el joven pastor intimidado por el ministerio de su padre, a convertirse en mentor espiritual de cientos de personas y pastor de ocho iglesias. Sus años de ministerio han sido conocidos por la represión de demonios, sanidades y milagros visibles y manifestación de dones. Líderes de otras congregaciones lo buscaban y llamaban en las tempranas horas de la madrugada para que reprendiera demonios de personas en sus casa y templos. Él relata algunas experiencias que nunca olvidará que marcaron su ministerio. Nos hablaba de un músico irreverente que a mitad del servicio rompió su guitarra con el borde del altar molesto porque se le llamó la atención, arrodillarse a orar y quedar muerto allí. Al acabar el servicio los hermanos se dieron cuenta de que permanecía inmóvil postrado frente al elevado piso del altar y tras pedirle a Dios misericordia por aquel joven, el mismo volvió a la vida. Experiencias como las de una hermana que hablando en lenguas advertía a la congregación a permanecer en el templo porque un hombre armado se pararía frente al mismo y hacer varias detonaciones. Mi abuelo interpretó el mensaje en lenguas y minutos después aconteció lo que Dios anunció. Su vida de consagración y sometimiento a Dios consistía en constantes ayunos y espacios de oración de horas de rodillas. En tres ocasiones fue guiado por el Espíritu a entrar en ayunos de veintiún días, después de los cuales Jesús lo visitó y otra vez en la que perdió todo de su casa por una inundación provocada por fuertes lluvias.

Aunque ninguno de sus hijos entró en el ministerio pastoral, varios de sus nietos nos encontramos en el ministerio evangelístico viajando por diferentes países predicando a Cristo. Desde mis quince años Dios me comenzó a llamar al ministerio, y aunque he visto a Dios hacer cosas sobrenaturales en mí y a través del ministerio, al igual que mi abuelo me he sentido intimidado. Surgen las preguntas en mi mente: "*¿Puedo hacerlo? ¿Tendré la capacidad suficiente? ¿Podré llenar los zapatos ministeriales de mis antepasados?*" Las interrogativas son extensas, más sin embargo la respuesta es sencilla, "*Si puedo*".

Cuando Moisés muere y Josué entra en el liderazgo de Israel, él se siente de la misma manera, intimidado con los zapatos del que le presidió. ¿Cómo llenas los zapatos de un hombre que ha visto columnas de fuego y de nube, el mar abrirse, maná y codornices caer del cielo, aguas amargas volverse dulce, la gloria de Dios descender en el monte y estremecerlo, el dedo de Dios escribir en las tablas, ver las espaldas de Dios y otras manifestaciones sobrenaturales? Josué se siente incapaz, más sin embargo era la persona que Dios había seleccionado. Dios nunca lo llamó para que fuera sustituto ni copia del líder anterior, sino que de acuerdo con su propio diseño y cualidades sería utilizado. Dios le tiene que decir hasta cinco veces *"Esfuérzate"* para que entienda que Dios lo había escogido y que caminaría con él.

Nunca pienses que debes "*llenar*" los zapatos de otros, ni que te quedan "grandes", porque nunca fuiste diseñado para ellos. Cuando Dios te moldeó, te dio las medidas exactas para tu llamado, no para el de otro. Gertrude Stein acertó al decir: "*Si puedes hacerlo, entonces ¿por qué hacerlo?*". Si la tarea fuera fácil no hubieras sido llamado ni seleccionado, más porque fuiste diseñado para grandezas, te lo entregaron a ti. Los zapatos no te quedan grandes, sino que te quedan a la medida pues fueron diseñados específicamente para ti. No hay otro molde como el tuyo. Te hicieron único y con detalles específicos para funcionar en los lugares correctos. Dios te dice: "*No digas soy un niño, porque a todo lo que te envíe iras tú.*" (RV60 Jeremías 1:7). Que nadie te diga que no lo puedes hacer. Dios apuesta a ti.

Josué se encuentra con este mismo dilema cuando Moisés muere. Dios decide activar su propósito y llamarlo en el momento en que Israel necesita un líder, pero cuando es llamado encuentras que Dios tiene que decirle hasta cinco veces "*esfuérzate y se valiente*", (Josué 1). ¿Por qué Dios tiene que repetirle lo mismo a Josué hasta cinco veces? Josué se siente intimidado con lo que fue el ministerio de Moisés.

Dime, ¿Cómo llenas los zapatos de un Moisés? ¿Cómo llenas los zapatos de uno que tiene una vara que al tirarla al suelo se convierte en serpiente y con ella mismo toca las aguas del Mar y se divide? ¿Cómo llenas los zapatos de uno que columnas de nube y fuego le guían por el desierto, que clama y Dios envía maná y codornices del cielo y hace que agua brote de la peña? ¿Cómo se llenan los zapatos de uno que ha visto la gloria descender sobre el monte y estremecerlo, ha visto el dedo de Dios escribir en las tablas, lo han metido en la peña, ha visto las espaldas de Dios y su rostro resplandece cuando sale de la presencia?

Intimidado por lo que fue el ministerio de Moisés, Josué se siente incapaz para la tarea, pero Dios necesita recordarle que no se trata de llenar las expectativas de la gente, ni de ser aprobado por los hombres, sino que ya el Señor lo vio apto para la tarea y lo envió. Dios le da a Josué la seguridad de que estará con él. Esa es la garantía de su avance, la compañía de Dios.

CAPÍTULO VEINTICUATRO
Escenarios

"Todas las cosas, aún la adversidad, tienen un propósito en la vida"

-Jim Rohn-

Acababa de ministrar un fin de semana de tres días en la misma iglesia. Durante aquellos días Dios se había manifestado tan fuerte en aquel lugar, que Su presencia era casi tangible. Yo me encontraba físicamente acabado, pero espiritualmente renovado. Seis ministraciones en tres días y con la victoria de ver almas rendidas a los pies de Cristo, yo bajaba del altar como en una nube de paz y de gozo. Hube orado por un poco más de cien personas en esa última tarde, por lo que necesitaba un buen descanso.

Al acabar el servicio, mientras todos se saludaban, y entre las fotos, los besos y los abrazos de los hermanos que se acercaban a mí, hubo un hombre que me impactó. Este se acercó, y sin hacer mucho ruido ni estruendo, me estrechó la mano para saludarme. Amablemente estreché mi mano para devolverle el saludo, cuando agarrando mi mano y sacudiéndola, me dijo las palabras más chocantes que en mi vida yo había escuchado. Yo sé lo que es ser insultado, menospreciado y rechazado por muchos, pero lo que viví aquella tarde lo superaba todo, (hasta ese entonces). Mirándome a los ojos y con una mirada muy seria, me dijo: "*A ti solo te invitan a predicar, no porque tienes una buena palabra o porque tengas el don de la predicación, sino porque te ven como un espectáculo sobre la tarima. Te invitan porque quieren verte por tus condiciones físicas*". Quedé frío, perplejo, y atónito por lo que me decía en mi cara. Menos mal si yo lo hubiera escuchado como un comentario de alguna tercera persona, pero que tuviese los pantalones para decírmelo frente a la gente era otra cosa. No sabía que decir ante tan cortantes palabras. Mordí mi lengua, bajé mi rostro y me fui sin decir palabra alguna. Había sido sacudido por tal declaración.

Durante aquellos días esas palabras taladraban mi mente y corazón. Hay comentarios que uno escucha y los desecha rápidamente, pero este se me hacía difícil sacudirlo. ¿Será verdad? ¿Sólo me invitan porque me ven como un espectáculo? ¿Solamente soy invitado porque parezco algo extraño y me quieren ver? Las preguntas invadían cada pensamiento. Durante días estuve considerando como cierta aquella declaración tan espantosa, hasta que me habló Él. Dios llegó y me habló. Tomando las mismas palabras que aquel hombre me había dicho, les dio un giro y un significado completamente diferente.

Comencé a meditar en el joven David. Toda su vida viviendo en el secreto y en el anonimato. Pastor de ovejas. Quien hacía los mandados de su padre para llevar comida a sus hermanos y quien a veces tocaba el arpa para el rey cuando era atormentado por espíritus. ¿Quién lo conocía? ¿Su familia e íntimos? El rey simplemente lo conocía como músico, pero nada más. Sin nombre ni reputación hasta que se escucha la voz de un gigante, Goliat.

Aquel hombre con casi nueve pies de altura buscaba UNO digno, atrevido, valiente y lo suficientemente fuerte para pelear contra él. ¿Quién le hace frente a semejante hombre? ¿Sabes quien lo enfrenta? Uno que ha sido procesado, menospreciado, rechazado, manipulado, subestimado y criticado. Uno que Dios decide sacar de detrás del telón.

El gigante que gritaba y vociferaba, solo necesitó el golpe de una pequeña roca en su frente, para que David pudiera correr hacia él. El detalle que me bendice es el saber que cuando David corrió hacia el gigante postrado y rendido en el suelo, Él se paró sobre su cuerpo, tomó la espada de su enemigo, y con ella lo terminó. Quien había vivido toda su vida sin nombre ni reconocimiento, ahora estaba ante la vista pública. Aquel o aquello que se supone que lo matara se convirtió en el ESCENARIO donde Dios le exhibía en público.

Entonces cuando esta palabra despierta en mi espíritu, yo tengo que dar gloria a Dios, porque las palabras de aquel hombre tenían cierta verdad. La enfermedad, el dolor, el quebrantamiento, el rechazo, el menosprecio, el abandono, el maltrato, el bullying y todo lo que en sobre veinte años había vivido, Dios lo había transformado y convertido en el escenario de exhibición.

"Aquello que se supone que te matara, se ha convertido

precisamente en lo que Dios ha utilizado para preservarte y exhibirte".

Hay cosas que tuviste que vivir. Se hace difícil en ocasiones entenderlo y recibirlo, pero fue necesario TODO. Valió la pena llorar, gritar, ser rechazado y menospreciado. (Mientras escribo estas palabras soy estremecido, porque se que me leen muchos que saben lo que es vivir esto en carne propia todos los días). Quizás nunca has recibido la aprobación de tus padres. A lo mejor fuiste abandonado en tu niñez. Es posible que hayas sido pisoteado por tus mismos hermanos creyentes. Te dijeron que no podías y que no alcanzarías cosa alguna, pero NADA de lo que viviste tuvo la autorización de Dios para acabar con tu vida. El único propósito que Dios le dio a lo que viviste fue ayudar a formar y revelar tu diseño en Él.

El apóstol Pablo lo declaró así: *"a los que aman a Dios, todas las cosas le ayudan a bien"* (RV60 <u>Romanos 8:28</u>). Esa es la esperanza de nuestra tribulación. Saber que mi dolor puede ser la fortaleza de otro. Que mi enfermedad se puede convertir en la sanidad de alguien. Mi quebrantamiento puede ser la restauración de alguien. NO se echará a perder absolutamente nada de lo que viviste. Dios lo utilizará para exhibirte en público y llevarte a la posición que desde la eternidad preparó para ti.

CAPÍTULO VEINTICINCO
No Morirás

"No moriré, sino que viviré, y contaré las obras de Jehová"

- RV60 Salmo 118:17-

Mientras meditaba en mis experiencias ministeriales y cómo ir aterrizando este vuelo de anécdotas, una última palabra comenzó a ministrarme. Hay mil y una maneras de culminar con estas páginas, pero en mi espíritu queda algo más por compartir...

Fueron muchas las veces, en los años de predicar a Jesucristo, que pensé que moriría. Un sin número de veces que me quedé casi sin aire y me mareé sobre el altar predicando. En otras ocasiones, de camino a casa se me dificultaba un poco la respiración y ahí recordaba que había dejado mis medicamentos en el hogar sobre la mesa. A veces me bajaba del altar cojeando un poco más de lo normal porque ya no soportaba el estar mas tiempo de pie. Sentía como mis piernas latían y aun medicándome para el dolor en mis huesos, pasé muchas horas desvelado, llorando por no poder soportar tanto dolor. No soy de sentarme a quejarme frente a la gente, lo hago a solas en casa con Dios. Él me entiende perfectamente.

Muchos hoy día ven las agendas llenas, los viajes, campamentos y congresos, pero desconocen el sacrificio que el ministro a diario hace por anunciar el evangelio. Sacrifican su tiempo, espacio, comodidad, y muchas veces su salud, todo por presentar un mensaje que no sólo endulce el oído y motive al receptor, sino que también lo confronte y desafíe. Hay largas horas de lectura, estudio y preparación que pocos conocen. Hay agendas humanas y sueños terrenales que se cierran y mueren, todo para darle vida a lo divino y eterno.

A los ministros que han dado su vida por el evangelio, y que, sin buscar aplausos, reconocimientos, ni beneficios secundarios, este último capítulo es dedicado a ustedes.

La vida del joven José en el libro de Génesis es tan interesante en tantos aspectos. Desde el comienzo de sus sueños hasta el cumplimiento de ellos, hay tanto de lo que podemos aprender. Cada suceso en su vida, incluyendo la cárcel y la traición, son una muestra de la protección y dirección de Dios para su vida. Me parece interesante como hay tres razones por las cuales José no muere de mano de sus hermanos. A pesar de todo lo que vive y atraviesa, hay un destino que le impide morir.

La primera razón por la que José no muere está sujeta a las palabras de su hermano mayor Rubén. Génesis 37 relata que los hermanos de José, conspirando matarlo fueron detenidos cuando su hermano Rubén los escuchó hablando. El verso 21 dice que "*lo libró de sus manos, y dijo: No lo matemos*". Me bendice notar que el nombre de

Rubén en hebreo significa *"Jehová vio mi aflicción"*. En medio de las amenazas de muerte que José enfrentaba, Dios se acordó de él y le vio dentro de su quebranto y aflicción, librándole de las manos de sus adversarios.

La razón por la que las críticas, los señalamientos, las traiciones, los abandonos y todo el rechazo que has vivido no te mató, está sujeto a que Dios se acordó de ti y de la palabra de propósito que depositó sobre tu vida.

La segunda razón por la que José no muere, es porque, como Rubén no quieren que lo maten, ellos deben buscar un lugar donde encerrarlo y olvidarlo. Escogen una cisterna para confinarlo. Lo que me parece interesante es que la cisterna tiene un solo diseño, PRESERVAR. Se supone que ella pueda preservar agua de lluvia, de río o de algún manantial. Entonces, el lugar que los hermanos de José ESCOGIERON para matarlo, ya había sido DISENADO para preservarlo.

Lo que se supone que acabara con tu vida, tu casa, tu matrimonio, tus hijos, tu ministerio, tu congregación y tu destino, ya se le había dado un diseño de antemano. Nada de ello mataría tu vida, sino más bien, te preservaría. Sería exactamente lo que te catapultaría a nuevas dimensiones.

La tercera y última razón por la que José no muere me bendice bastante, ya que, como sus hermanos no lo pueden matar, ni la cisterna lo puede detener, ellos ven como última opción venderlo. Curiosamente, quienes lo compran son una compañía de ismaelitas. Esto me parece interesante, ya que al sentarme a mirar la historia de Ismael en Genesis 21, encuentras que Agar e Ismael son echados de la casa de Abraham, ya que Sara no soporta que Ismael se burle de su hermano menor Isaac. Cuando Abraham consulta a Dios por lo que Sara le reclama y pide, Dios da una respuesta que sacude su vida. Dios le pide que haga todo lo que su mujer le dice. Él le está diciendo: *"Tranquilo, que Yo estoy en control"*. Amado, Dios está en control, aún cuando duele. Hay un plan diseñado.

Abraham, obedeciendo la voz de Dios, los despide por el desierto y cuando los recursos se les agotan, e Isaac llora porque tiene sed, Agar decide abandonarlo por no verlo sufrir y morir. Tan pronto Agar lo deja, Dios escucha el llanto del niño y Su ángel se le aparece a ella. ¿Por qué me parece esto tan interesante? Porque si Ismael muere de sed en el desierto, *"mañana"* no habría quien comprara a José y lo librara de la cisterna.

"Dios nunca dejará morir al que te librará ti de la muerte".

Hay personas que *"ayer"* fueron procesados, para hoy convertirse en los *"ismaelitas"* que llegarán tu vida con la provisión que necesitas para salir de esta situación. Lo que se supone que acabara con sus vidas, se ha convertido en la herramienta de bendición para otros. Su dolor se convirtió en la sanidad de otros. Su necesidad se convirtió en la provisión de otros.

José no muere porque hay un destino trazado para su vida. Amado, no morirás, pues también hay una palabra profética que Dios depositó en tu espíritu, y ella no solo será de beneficio para tu vida, sino también para la de otros. Esta es la mentalidad que tiene José al final de su prueba. Él les declara: *"Vosotros pensasteis mal contra mí, mas Dios lo encaminó a bien, para hacer lo que vemos hoy, para mantener en vida a mucho pueblo."* (Génesis 50:20). Lo que no te mató, no solo te hizo más fuerte a ti, sino también a quienes te han rodeado.

Ministro, yo se lo que son los dolores de las enfermedades y pruebas. Se lo que es el rechazo y menosprecio ministerial. He conocido cara a cara el maltrato y abuso en el ministerio, pero también he visto la providencia de Dios. Él ha sido mi refugio, consuelo, amigo, hermano, padre, sanador, proveedor, libertador, juez y abogado. Debes entender que, si te dijo que hará algo, de seguro así será. Si no te ha fallado hasta este momento, ¿crees que ahora lo hará? Si te dio la Visión, también te dará la Provisión. Cumplirá con exactitud y con lujo de detalles.

ULTIMAS PALABRAS
FAVOR Y GRACIA

Bendigo a Dios y honro la vida de aquellos que pueden servir de puente para otros ministerios. Son muy pocas las personas que, sin un pensamiento de competencia, ayudan a otros a crecer y a llegar lejos. Todo Eliseo necesita un Elías. Todo Josué necesita un Moisés. Todo Discípulo necesita a Jesús. Dios siempre colocará en nuestro camino personas que nos serán de bendición. Personas que no nos amarán por lo que tenemos o hacemos, sino por quienes somos. Seremos capacitados e instruidos por maestros y mentores, pero también por los mismos procesos que vivimos.

El salmista declaró: (RV60 Salmo 66:10-12) *"Porque tu nos probaste, oh Dios; Nos ensayaste como se afina la plata. Nos metiste en la red; Pusiste sobre nuestros lomos pesadas cargas. Hiciste cabalgar hombres sobre nuestra cabeza; pasamos por el fuego y por el agua, Y nos sacaste a abundancia."*. Cuando Dios te saque de la situación de prueba y desierto, será en completa bendición.

Nada de lo que viviste se echará a perder.

Te aseguro que, si Dios te dijo que te llevará, Él moverá todo lo necesario para hacerlo. No se de dónde ni cómo, pero lo hará. David hablaba del *"bien y la*

157

misericordia" (RV60 <u>Salmo 23:6</u>), como los beneficios de estar en la casa de Jehová y de habitar en Él. No tendrás necesidad de tocar puertas ni pedirle a la gente, ya que Dios será tu carta de presentación.

En los años de vida del Rey David, él conoce tres etapas de ungimiento. En su casa, y luego en Hebrón dos veces. Son tres etapas que marcan un tiempo definido en su vida. Cada una era importante y con una lección.

La primera vez que David es ungido, es en <u>1 de Samuel 16</u> (RV60). David está en el secreto de su hogar, frente a solo su familia, cuando el profeta Samuel lo cubre con aceite. Note que no hay audiencias externas. No hay aplausos ni silbidos. Solo su familia ante una mesa servida.

David ahora porta la unción de rey, pero no entra al reinado inmediatamente, sino que, dentro del mismo capítulo, lo encuentras tocando el arpa para el rey Saúl. ¿Por qué tocar el arpa, si ya lo ungieron como rey? No puedes manifestar unción de rey, si no manifiestas primero la unción de siervo. El peligro está en creer que la corona es más importante que el arpa. Él pudo haber dicho, "Tengo aceite, no necesito tocar para Saúl". El servicio revela el corazón de quien ha sido aprobado por Dios. Mi pastor dice que el que no sirve, no sirve. Vivimos para servir, aún cuando llegamos a las alturas. Con títulos, pero servidores.

La segunda vez que David es ungido es en <u>2 de Samuel 2</u> (RV60) y esto ocurre en Hebrón. Se dice que Hebrón era el centro de la región montañosa. Este lugar representaba dos cosas:

1. El lugar del pacto. Es el lugar donde Dios hacía alianza con los hombres.
2. El centro de todos. La vista pública del pueblo.

Dios hacía una alianza con David ante los ojos de los de Judá. Él confirma en público, lo que en secreto se habló y prometió. Antes de que Dios te exponga en público, Él debe conocerte en el secreto.

Interesantemente, cuando Saul y Jonatán mueren para este capítulo, Abner, el primo de Saúl, anhelaba el trono para Isboset el hijo de Saul. Éste lleva la sangre real y el nombre de su padre. Se supo que a él lo posicionaran. Si hay algo que no podemos olvidar ni perder de perspectiva es que en Dios no hay dinastías. Esto no es porque yo soy hijo de fulano ni amigo de mengano, sino porque Dios decidió favorecerme y escogerme. David es seleccionado porque Dios decide así hacerlo. El problema de Isboset, es que su nombre en hebreo significa, "hombre de vergüenza". Entonces Dios no puede posicionar a uno que no tiene el carácter que se necesita para las alturas.

Hay muchos que llegaron antes que tú. Se convirtieron antes que tú. Estudiaron biblia antes que tú, y ante la vista de muchos se supone que ellos sean escogidos. ¿Quién se sienta a decirle a Dios a quién elegir o no? NADIE. Él es soberano y si decide "brincarte de la fila" y sacarte de atrás para pararte al frente, Él lo hace y nadie lo detiene.

Tercera y última vez que David es ungido, 2 de Samuel 5 (RV60), nuevamente es en Hebrón, pero esta vez es por los ancianos de Judá. Esto me es sumamente interesante, ya que ellos representan la experiencia y los de posiciones de honra. Cuando Dios te encuentra correcto y aprobado para la tarea, después de tus procesos, Él te posicionará delante de los grandes. El Predicador dijo: *"¿Has visto hombre solícito en su trabajo? Delante de los reyes estará..."* (RV60 Proverbios 22:29). Creo que de acuerdo con el depósito que cargas, hay lugares de honra donde Dios te llevará. Su gracia y favor te acompañarán.

Los procesos y las experiencias de vida te harán crecer y madurar. Eres la respuesta de Dios para la prueba y el desierto de alguien, pero, para que puedas entenderles y tenerles compasión, deberás atravesar situaciones que te despojarán de tu humanidad, y mostrarán el hombre y la mujer espiritual que hay dentro de ti.

Cuéntanos tus experiencias ministeriales. Háblanos de cómo todo comenzó contigo y si estas anécdotas han sido de bendición a tu vida. NO te olvides que no te llamaron a caminar dentro de los zapatos de otro, sino dentro de los tuyos. Cada zapato cuenta una historia y deseamos conocer las tuya.

ACERCA DEL AUTOR

El Evangelista Michael Santiago comenzó en el ministerio a sus 17 años y actualmente continúa anunciando a Jesucristo. Con complicaciones de salud y con un mensaje desafiante, ha impactado la vida de miles. Sobre 10 años sirviéndole al Señor vive cada día enfocado en su asignación en la tierra. Dedicado al ministerio a tiempo completo, se encuentra trabajando en otros proyectos de literatura que de cierto bendecirán la vida de muchos.

Puedes encontrar más acerca de Michael Santiago en sus redes sociales, tales como Facebook, Instagram y YouTube. Búscalo y Síguelo. De seguro serás bendecido con el contenido que encuentres.

Para invitaciones, nos puedes contactar a través de nuestro email y teléfono ministerial:

michaelsantiagoministries@gmail.com

Made in the USA
Columbia, SC
01 August 2020

14356813R00091